Boubaker Kahloula

Chargement semi-automatique de données XML dans une base de données

Boubaker Kahloula

Chargement semi-automatique de données XML dans une base de données

Utilisation d'une Mapping Knowledge Base

Presses Académiques Francophones

Impressum / Mentions légales

Bibliografische Information der Deutschen Nationalbibliothek: Die Deutsche Nationalbibliothek verzeichnet diese Publikation in der Deutschen Nationalbibliografie; detaillierte bibliografische Daten sind im Internet über http://dnb.d-nb.de abrufbar.

Alle in diesem Buch genannten Marken und Produktnamen unterliegen warenzeichen-, marken- oder patentrechtlichem Schutz bzw. sind Warenzeichen oder eingetragene Warenzeichen der jeweiligen Inhaber. Die Wiedergabe von Marken, Produktnamen, Gebrauchsnamen, Handelsnamen, Warenbezeichnungen u.s.w. in diesem Werk berechtigt auch ohne besondere Kennzeichnung nicht zu der Annahme, dass solche Namen im Sinne der Warenzeichen- und Markenschutzgesetzgebung als frei zu betrachten wären und daher von jedermann benutzt werden dürften.

Information bibliographique publiée par la Deutsche Nationalbibliothek: La Deutsche Nationalbibliothek inscrit cette publication à la Deutsche Nationalbibliografie; des données bibliographiques détaillées sont disponibles sur internet à l'adresse http://dnb.d-nb.de.

Toutes marques et noms de produits mentionnés dans ce livre demeurent sous la protection des marques, des marques déposées et des brevets, et sont des marques ou des marques déposées de leurs détenteurs respectifs. L'utilisation des marques, noms de produits, noms communs, noms commerciaux, descriptions de produits, etc, même sans qu'ils soient mentionnés de façon particulière dans ce livre ne signifie en aucune façon que ces noms peuvent être utilisés sans restriction à l'égard de la législation pour la protection des marques et des marques déposées et pourraient donc être utilisés par quiconque.

Coverbild / Photo de couverture: www.ingimage.com

Verlag / Editeur:
Presses Académiques Francophones
ist ein Imprint der / est une marque déposée de
OmniScriptum GmbH & Co. KG
Heinrich-Böcking-Str. 6-8, 66121 Saarbrücken, Deutschland / Allemagne
Email: info@presses-academiques.com

Herstellung: siehe letzte Seite /
Impression: voir la dernière page
ISBN: 978-3-8381-4441-2

A LA MEMOIRE DE MON PERE ET DE MA MERE,

A LA MEMOIRE DE KHADIDJA, MERIEM ET ABDALLAH,

A MERIEM, A MES ENFANTS ET A TOUTE MA FAMILLE,

A MES AMIS ET A MES COLLEGUES.

REMERCIEMENTS

Je veux en cette place dire en premier toute ma gratitude à Monsieur le Professeur BOUAMRANE Karim, pour la confiance qu'il m'a accordée en acceptant d'encadrer ce travail doctoral, et le remercier vivement pour la disponibilité et la patience dont il a fait preuve en m'accompagnant tout le long de cette tâche.

Je suis infiniment gré à Monsieur le Professeur YAGOUBI Belabbas, doyen de la faculté des sciences, de s'être rendu disponible et me faire l'honneur de présider ce jury de thèse, ainsi qu'à Monsieur le Professeur ATMANI Baghdad pour les conseils qu'il m'a prodigués, déjà à l'occasion de la soutenance de mon mémoire de magistère.

Je souhaite exprimer ma très profonde gratitude à Messieurs les Professeurs CHIKH Amine, ELBERRICHI Zakaria et YOUSFATE Abderrahmane pour le temps consacré à la lecture de cette thèse et pour le dérangement occasionné par le déplacement depuis leurs Universités respectives.

Ces remerciements seraient incomplets si je n'en adressais pas à Messieurs les Professeurs KAHLOULA Mohamed et KAHLOULA Mourad qui, bien qu'étant d'une autre discipline que la mienne, ont su susciter en moi l'intérêt pour la réalisation d'une thèse et pour leurs multiples encouragements.

«La distinction entre passé, présent et futur n'est qu'une illusion, aussi tenace soit-elle.»

Albert Einstein (1879-1955)

Résumé

Le langage XML est considéré comme standard de fait quand il s'agit d'échanger des données entre systèmes différents ou d'extraire des données à partir du web, de bases de données ou de documents dans le but de les intégrer dans des bases de données.

Les données ayant malheureusement des structures très hétérogènes, il y a lieu avant de charger les données source dans la base de données cible, de comparer (matching) les structures des données source et cible, et d'établir des correspondances (mapping) entre elles. Ce travail est encore fait dans nombre d'entreprises manuellement.

Nous proposons dans notre thèse une architecture permettant de charger de manière (semi-)automatique des données contenues dans des fichiers XML, dans une base de données relationnelle. Nous utilisons pour ce faire l'historique des mappings établis lors de traitements précédents et proposons une stratégie d'accès à cet historique, dont le volume peut devenir important au fil du temps.

Aussi bien le critère d'efficience que celui d'efficacité sont pris en compte dans l'architecture du prototype développé dans le cadre de nos recherches.

Mots-clés: XML; Bases de données; Schema Matching; Coefficients de similarité; Intégration de données

Abstract

XML is considered as the de facto standard when it comes to exchanging data between different systems or to extract data from the web, databases or documents in order to integrate them in databases.

Unfortunately, owing to the very heterogeneous structures of the data, it is necessary to proceed to a matching between the structures of the source and target data and to establish a mapping between them, before loading source data into the target database. This work is done manually in many companies.

We propose in our thesis an architecture for loading (semi-)automatically data contained in XML files in a relational database. We use to make this historical mappings established during previous processing and propose a strategy to access this history, the volume of which may become significant over time.

Both effectiveness and efficiency are reflected in the architecture of the prototype developed in the context of our research.

Keywords: *XML; Databases; Schema Matching; Similarity Indizes; Data Integration*

TABLE DES MATIERES

TABLE DES FIGURES

TABLE DES TABLEAUX

LISTE DES ABREVIATIONS

CDATA   *(Unparsed) Character Data*

CLOB   *Character Large Object*

DBMS   *Database Management System*

DES   *Data Encyption Standard*

DOM   *Document Object Model*

DTD   *Document Type Definition*

ELT   *Extract, Load, Transform*

ETL   *Extract, Transform, Load*

GUI   *Graphical User Interface*

IR   *Information Retrieval*

JAXP   *Java API for XML Processing*

JDBC   *Java Database Connectivity*

LFU   *Least Frequently Used*

LOB   *Large object*

LRU   *Least Recently Used*

MKB   *Mapping Knowledge Base*

NXD   *Native XML Database*

OAEI   *Ontology Alignment Evaluation Initiative*

ODBC   *Open Database Connectivity*

ORM   *Objet-Relational Mapping*

OWL   *Web Ontology Language*

RDB   *Relational Database*

RDF   *Resource Description Framework*

SAX   *Simple API for XML*

SGBD   Système de Gestion de Bases de Données

SGBDR   Système de Gestion de Bases de Données Relationnelles

SQL   *Structured Query Language*

StAX   *Streaming API for XML*

XML   *Extensible Markup Language* (Langage de balisage extensible)

XPath   *XML Path Language*

XQuery   *XML Query Language*

XSD   *XML Schema Definition*

XSLT   *XSL Transformation*

1 INTRODUCTION

1.1 CONTEXTE DE LA THESE

De grandes quantités d'informations sont mises en ligne sur le web tous les jours par des milliers d'entreprises, d'organisations et d'individus. De nombreuses entreprises échangent quotidiennement des données entre elles ou procèdent à une extraction de données à partir du web, de bases de données ou de documents dans le but de les intégrer dans des bases de données.

Le langage XML (*Extensible Markup Language*) s'étant imposé comme standard de fait dans ce domaine, des données contenues dans des fichiers XML sont chargées dans des bases de données, le plus souvent relationnelles, pour être traitées ou analysées.

Du fait que les systèmes échangeant des données aient été développés sur des environnements différents, par des personnes différentes, en des temps et lieux différents, la structure des données sources est malheureusement très hétérogène.

Pour pouvoir permettre aux différents systèmes de communiquer entre eux, il y a lieu de comparer (*matching*) les structures des données et d'établir des correspondances (*mapping*) entre les structures. Cette correspondance est encore établie dans nombre d'entreprises manuellement. Le chargement des données XML dans des bases de données, soumis préalablement à cette correspondance construite manuellement, ne peut donc être automatisé.

1.2 OBJECTIF

Notre objectif premier est de charger, ou autrement dit d'insérer, des données au format XML contenues dans des fichiers ASCII, dans une base de données relationnelle. Ce chargement doit avoir lieu de manière autant que possible automatique, c'est-à-dire que la charge de travail manuel incombant à l'utilisateur doit diminuer avec le temps.

L'architecture du système qui permettra d'atteindre cet objectif doit être implémentée dans un prototype. L'algorithme sur lequel elle est basée doit répondre aux critères d'efficience et d'efficacité.

1.3 PROBLEMATIQUE

L'objectif que nous venons de formuler ne peut être atteint que suite à un matching entre les schema sources (ceux des fichiers XML) et le schema cible (celui de la base de données relationnelle), le but étant d'établir un mapping, ou correspondance, entre les deux schema. Nous devons en effet savoir quelle est la colonne de destination dans la table de la base de données cible, d'une donnée contenue dans un fichier XML à charger (Figure 1). Les noms des balises délimitant les éléments XML ne sont pas nécessairement identiques aux noms des colonnes de la table cible. Bien plus, les balises peuvent être différentes d'un fichier XML à un autre. Un chargement de données automatisé est dès lors soumis à un schema matching préalable lui-même automatisé.

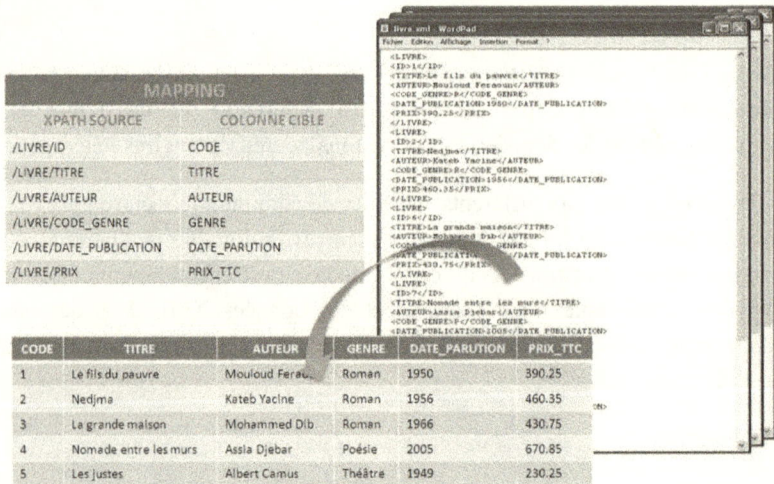

Figure 1: Problématique

1.4 ORGANISATION DE LA THESE

Nous commencerons dans cette thèse par présenter, dans une première partie, l'état de l'art dans les différents domaines auxquels nous nous sommes intéressés dans le cadre de nos recherches.

Cet état de l'art nous permettra d'abord de répondre aux questions, telles que celle-ci: « Pourquoi charger dans une base de données, des données contenues dans un fichier XML ? » ou encore celle-ci : « Pourquoi une base de données relationnelle et non pas une base de données XML native ? ».

Les notions importantes de schema matching et mapping, sans lesquelles nos travaux ne peuvent être situés, seront définies dans cette première partie. Leurs domaines d'application, les différentes approches adoptées à ce jour ainsi que les outils et prototypes développés autour de cette technique seront ensuite présentés.

Un aspect non négligeable de nos travaux est celui touchant à la similarité de chaînes de caractères. C'est pour cela que nous avons jugé utile de donner dans cette première partie un aperçu des méthodes de calcul les plus connues de calcul d'indice de similarité.

La deuxième partie est consacrée à la solution que nous proposons pour le chargement (semi-)automatique de données XML dans une base de données relationnelle. Nous étudierons dans un premier temps l'algorithme sur lequel est basée l'architecture proposée et nous nous intéresserons à ses aspects efficience et efficacité. Nous décrivons dans un deuxième temps l'implémentation de cet algorithme, c'est-à-dire le prototype développé qui l'utilise. Ici sont exposés son fonctionnement, ses paramètres, les conditions liées à l'automatisation ainsi que son aspect intégratif et de datawarehousing. Dans ce même contexte, quelques aspects techniques seront rapportés.

Nous indiquerons en conclusion quelle a été notre contribution aux travaux de recherche dans le domaine et à leur mise en application. Les perspectives envisagées pour ces travaux seront aussi présentées en conclusion.

2 ETAT DE L'ART

2.1 INTRODUCTION AU CHAPITRE

Notre travail de recherche est lié à plusieurs aspects, le premier étant celui des bases de données. Nous commencerons donc à donner un aperçu de l'état de l'art dans le domaine des bases de données relationnelles, relationnelles compatibles XML et XML native.

Le deuxième des aspects se rapporte à une technique, dite schema matching, que nous utilisons dans le but de charger les données XML dans une base de données relationnelle. Nous consacrerons une partie de ce chapitre aux différentes approches adoptées pour l'automatisation de cette technique et citerons les prototypes développés les plus connus l'utilisant.

Nous procédons, lors des opérations de matching, à des comparaisons entre des chaînes de caractères. Nous nous basons pour ce faire sur des indices de similarité. Nous terminerons ce chapitre par donner un aperçu des différents indices de similarité et des méthodes de calcul leur afférant.

2.2 XML ET BASES DE DONNEES

2.2.1 INTRODUCTION

Nous nous intéressons dans cette thèse au chargement de données XML semi-structurées dans une base de données relationnelle. Des données semi-structurées présentent un avantage certain quand les fichiers XML proviennent de sources diverses. Souvent dans ce cas-là, les fichiers XML ne sont accompagnés d'aucun DTD (Document Type Definition) ou XSD (XML Schema Definition). Les données XML, que nous prévoyons de charger de manière (semi-)automatique dans une base de données relationnelle, doivent être toutefois bien formées (well-formed).

Nous présentons dans ce sous-chapitre l'état de l'art dans ce domaine. Nous commençons par énumérer les avantages du stockage de données dans une base de données. Nous recensons ensuite les différentes possibilités de stockage de données XML dans une base de données, celle-ci pouvant être relationnelle, relationnelle compatible XML, ou XML native et donnons les avantages et inconvénients de chacune des possibilités. Nous faisons ensuite un inventaire des langages de requêtes existants puis donnons un aperçu des moyens existants de chargement de données XML dans une base de données relationnelle.

2.2.2 XML

XML est un langage de représentation de données structurées sous forme hiérarchique. Les données sont généralement contenues dans des fichiers textes codés en ASCII. Etant indépendant des plateformes et systèmes installés, il est très utilisé dans l'échange et l'intégration de données.

Les spécifications de ce langage sont définies par le World Wide Web Consortium, la première version de ces spécifications (*Recommendation*) datant de février 1998 et la cinquième et dernière, de novembre 2008 (W3C, 2013).

Suivant leur degré de structuration et en fonction de l'usage auquel ils sont destinés, les fichiers XML sont :

- Orientés documents : Il n'est pas besoin de méta informations lorsqu'ils sont orientés documents. Les documents ne sont pas structurés et les éléments XML sont utilisés dans ce cas pour l'étiquetage sémantique des sections du document.

- Orientés données : Les documents sont accompagnés d'un modèle (DTD) ou d'un schéma (XSD) décrivant et définissant le modèle de données (relations entre les entités, attributs). Les documents sont dans ce cas parfaitement structurés.

- Semi-structurés : Les documents ne sont pas accompagnés d'un schéma descriptif, mais ils sont composés d'une ou plusieurs séquences d'objets. Les objets sont atomiques ou décomposés en attributs. Les objets atomiques contiennent des valeurs d'un type de données élémentaire connu. Des données semi structurées ont donc l'avantage de pouvoir représenter une information sans contrainte de schéma. La structure du fichier est flexible, elle peut être aisément modifiée, les formats de données sont faciles à porter d'un SGBD (Système de Gestion de Bases de Données) à un autre (Abiteboul, et al., 2000).

On dit d'un document XML qu'il est bien formé (*well-formed*) si :

- Il n'a qu'un seul élément racine,

- Sa structure forme un arbre strict (Tous les éléments sont fermés, il n'y a pas de chevauchements),

- Tous ses caractères appartiennent à l'encodage déclaré (exemple : UTF-8). Les caractères spéciaux sont échappés (exemple: < pour <) s'ils ne sont pas dans un commentaire ou dans un champ de données CDATA (*Unparsed Character Data*),

- Les valeurs d'attributs qu'il contient sont entre guillemets.

- Les noms d'éléments et d'attributs d'un document XML bien formé sont sensibles à la casse (case sensitive). Les commentaires et les éléments CDATA qu'il contient ne sont pas enchâssés.

Un document XML valide, quand à lui, est un document XML bien formé dont la structure obéit au DTD ou au XSD.

Nous nous intéressons, quant à nous, à des documents XML bien formés, ce qui nous permet d'être plus flexibles dans notre approche.

2.2.3 STOCKAGE DE DONNEES DANS UNE BASE DE DONNEES

Le stockage de données contenues dans un fichier, dans une base de données, présente plusieurs avantages (Singh, 2006) :

- La sécurité, l'intégrité et la cohérence des données sont garanties par le SGBD,

- Les données contenues dans la base de données sont structurées. L'utilisateur peut y accéder efficacement en adoptant des vues logiques différentes sans se préoccuper de l'aspect physique du stockage,

- L'accès aux données peut être optimisé à travers la création d'indexes appropriés,

- Le SGBD optimise le plan d'exécution des requêtes en vue d'une réponse rapide aux requêtes qui lui sont adressées. Le SGBD utilise éventuellement un cache,

- L'accès simultané aux données est possible et géré par le SGBD,

- Il existe des interfaces standard, telles JDBC (*Java Database Connectivity*) ou ODBC (*Open Database Connectivity*), pour l'accès aux données,

- Des outils performants de reporting et d'interrogation de bases de données sont disponibles sur le marché (pour des données de type autre que XML). Oracle Discoverer (Oracle Corporation (1), 2013) ou Crystal Reports (SAP, 2013) en sont des exemples.

2.2.4 STOCKAGE DE DONNEES XML DANS UNE BASE DE DONNEES

Des données XML peuvent être stockées dans une base de données XML native, NXD (*Native XML Database*) ou dans une base de données relationnelle, RDB (*Relational Database*), celle-ci pouvant être en plus compatible XML (*XML-enabled*).

2.2.4.1 Stockage de données XML en tant que chaîne de caractères dans une base de données relationnelle

Des données XML peuvent être stockées en tant que tout, comme chaîne de caractères dans une base de données relationnelle, par exemple dans une colonne de type LOB (*Large object*) ou CLOB (*Character large object*). Les seuls avantages que présente cette technique sont la possibilité d'utiliser une base de données relationnelle déjà en place et la facilité d'interfacer XML avec la base de données. L'inconvénient, un inconvénient majeur, est qu'il n'est pas possible de procéder à des requêtes ciblées sur un ou plusieurs des éléments XML.

2.2.4.2 Stockage de données XML dans une base de données XML native

Des données XML peuvent être aussi stockées dans une base de données XML native (Powell, 2006). Les avantages sont, d'une part, qu'il existe des langages tels que XPath pour formuler des requêtes adressées à la base de données, qu'il est possible de lancer des requêtes complexes sur la structure XML et que les temps de réponses sont courts lorsqu'il s'agit de vues uniformes. Les inconvénients sont assez nombreux :

- Acquisition d'une base de données XML native, au cas où celle-ci ne serait pas déjà en place,

- Manque d'interopérabilité des bases de données XML natives entre elles,

- Résultats produits uniquement au format XML,

- Intégration difficile avec les bases de données relationnelles,

- Temps de réponses longs lorsque la requête nécessite des vues différentes,

- Manque de systématique dans la modélisation de données.

2.3 STOCKAGE DE DONNEES XML EN TANT QU'OBJETS DANS UNE BASE DE DONNEES RELATIONNELLE

Des données XML peuvent être enfin stockées en tant qu'objets dans une base de données relationnelle (Oracle Corporation (2), 2013). On parle dans ce cas-là de base de données compatible XML. Aussi bien la projection XML → Tables que Tables → XML est possible. Les requêtes peuvent être écrites en SQL (*Structured Query Language*), SQL/XML ou XQuery (*XML Query Language*). L'un des avantages est ici aussi la possibilité d'utiliser une base de données relationnelle déjà en place. Cette technique est permise par les SGBDR (Systèmes de Gestion de Bases de Données Relationnelles) actuels.

Les SGBDR actuels, tels que Oracle, prévoient des types XML pour les tables ou les colonnes. Le script suivant permet de créer une table Oracle comportant une colonne de type XMLTYPE, d'y insérer des données XML et de les afficher.

```
CREATE TABLE etudiant(
 matricule NUMBER,
 donnees XMLTYPE
);

INSERT INTO etudiant VALUES(
```

```
   123,
   XMLTYPE('<Etudiant>
               <Nom>Kahloula</Nom>
               <Prenom>Boubaker</Prenom>
               <Faculte>Informatique</Faculte>
            </Etudiant>')
);

SELECT e.donnees.getClobval()
FROM etudiant e
WHERE e.donnees.existsNode('/Etudiant[Nom = "Kahloula"]') = 1;
```

Dans cet autre exemple, c'est toute une table de type XMLTYPE qui est créée. Un enregistrement y est inséré puis affiché.

```
CREATE TABLE etudiant OF XMLType ;

INSERT INTO etudiant VALUES(
   XMLTYPE('<Etudiant>
               <Nom>Kahloula</Nom>
               <Prenom>Boubaker</Prenom>
               <Faculte>Informatique</Faculte>
            </Etudiant>')
);

SELECT e.getClobval()
FROM etudiant e
WHERE e.existsNode('/Etudiant[Nom = "Kahloula"]') = 1;
```

2.3.1 LANGAGES DE REQUETES

Parmi les langages de requêtes XPath (*XML Path Language*) permet d'adresser et d'évaluer des parties d'un document XML. Il est la base d'un autre langage : XQuery (*XML Query Language*).

XQuery est le langage de requête prévu pour des bases de données XML. Il utilise une syntaxe proche des langages XSLT (*XSL Transformation*), SQL et C. Il utilise XPath et XSD pour son modèle de données et sa bibliothèque de fonctions. Les spécifications XQuery 1.0 n'ont été définies par W3C qu'en 2007.

SQL est un langage de définition, de requête et de manipulation de données pour les bases de données relationnelles. Il est basé sur l'algèbre relationnelle, sa syntaxe est relativement simple et sémantiquement proche de la langue Anglaise. SQL est l'un des premiers langages commercialisé pour le modèle relationnel. Il est devenu un standard ANSI déjà en 1986.

SQL/XML est une extension du langage SQL prévue pour l'utilisation de XML. Elle prévoit le type de données XML ainsi que diverses fonctions qui permettent la manipulation et le stockage de données XML dans une base de données relationnelle, dite alors « relationnelle compatible XML ». L'extension XML a été ajoutée au langage SQL en 2003.

Le langage SQL présente par rapport aux autres langages et à l'extension XML des avantages certains. En dehors du fait qu'ils soient immatures, ces langages et extension sont difficiles à formuler. Leur optimisation, tout aussi difficile, est souvent cause d'une dégradation des performances. Contrairement au langage SQL, les communautés de développeurs ainsi que les outils de développement pour ce type de langages et extensions sont pratiquement inexistants.

2.3.2 UTILITAIRES DE CHARGEMENT DE DONNEES XML DANS UNE BASE DE DONNEES

Les fournisseurs de SGBD proposent en général des utilitaires de chargement de données XML, contenues dans un fichier ASCII, dans une base de données relationnelle. Le mapping « élément XML → colonne » doit être donné dans un fichier de contrôle (Figure 2).

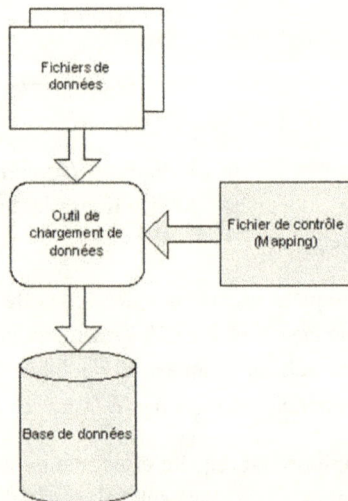

Figure 2: Outil de chargement de données XML dans une base de données

A titre d'exemple, le fichier de contrôle suivant, spécifique au SQL*Loader d'Oracle (Oracle Corporation (2), 2013) permet de charger le fichier de données XML etudiant.xml dans la table etudiant :

```
LOAD DATA
INFILE 'etudiant.xml'
CONCATENATE 6
INTO TABLE etudiant
(
   dummy        FILLER     CHAR(15) TERMINATED BY "<ROW>",
   etudiant_id CHAR(10)   ENCLOSED BY "<MATRICULE>" AND "</MATRICULE>",
   nom          CHAR(50)   ENCLOSED BY "<NOM>"      AND "</NOM>",
   prenom       CHAR(50)   ENCLOSED BY "<PRENOM>"   AND "</PRENOM>",
   faculte      CHAR(100) ENCLOSED BY "<FACULTE>"   AND "</FACULTE>"
)
```

Le mapping, comme on peut le voir, est donné dans le fichier contrôle. Nous pouvons voir ici, par exemple, que l'élément matricule du fichier XML correspond à la colonne etudiant_id de la table etudiant.

Le script de création de la table etudiant serait le suivant :

```
DROP TABLE etudiant;
CREATE TABLE etudiant (
    etudiant_id NUMBER,
    nom          VARCHAR2(50),
    prenom       VARCHAR2(50),
    faculte      VARCHAR2(100)
);
```

et un fichier XML etudiant.xml pourrait être, par exemple, celui-ci :

```
<ROWSET>
  <ROW>
    <MATRICULE>123</MATRICULE>
    <NOM>Kahloula</NOM>
    <PRENOM>Boubaker</PRENOM>
    <FACULTE>Faculté des Sciences</FACULTE>
  </ROW>
  <ROW>
    <MATRICULE>456</MATRICULE>
    <NOM>Feraoun</NOM>
    <PRENOM>Mouloud</PRENOM>
    <FACULTE>Faculté des Lettres, des Langues et des Arts</FACULTE>
```

```
    </ROW>
</ROWSET>
```

2.3.3 FRAMEWORKS DE CHARGEMENT DE DONNEES XML DANS UNE BASE DE DONNEES

L'utilisation d'un framework performant lors du développement d'une application est intéressante dans la mesure où elle permet d'assurer une bonne qualité et une bonne fiabilité du code. Hibernate de JBoss (JBoss, 2013) par exemple, un outil ORM (*Objet-Relational Mapping*) open source pour Java, est un framework conçu pour gérer la persistance des objets en base de données relationnelle et éviter au développeur les manipulations en SQL et JDBC (Figure 3).

Voici ci-dessous un exemple de fichier mapping pour Hibernate :

```
<?xml version="1.0" encoding="utf-8"?>
<!DOCTYPE hibernate-mapping PUBLIC
 "-//Hibernate/Hibernate Mapping DTD//EN"
 "http://www.hibernate.org/dtd/hibernate-mapping-3.0.dtd">
<hibernate-mapping>
   <class name="etudiant" table="etudiant">
      <meta attribute="class-description">
         Cette classe contient les noms des étudiants.
      </meta>
      <id name="matricule" type="int" column="etudiant_id">
         <generator class="native"/>
      </id>
      <property name="nom" column="nom" type="string"/>
      <property name="prenom" column="prenom" type="string"/>
      <property name="faculte" column="faculte" type="string"/>
   </class>
</hibernate-mapping>
```

Nous constaterons ici, par exemple, que l'élément matricule du fichier XML correspond à la colonne etudiant_id de la table etudiant.

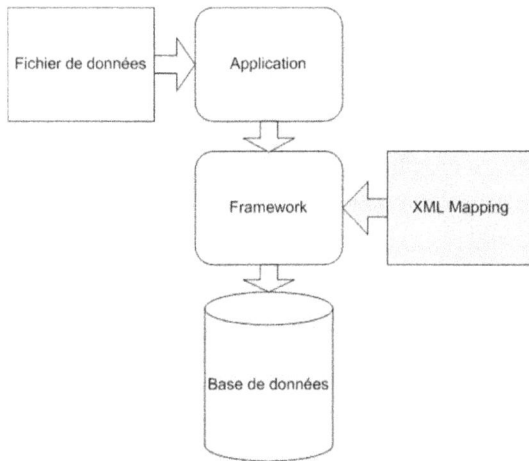

Figure 3: Application utilisant un Framework

2.3.4 CONCLUSION

Après avoir exposé, dans ce sous-chapitre, les avantages du stockage de données dans une base de données, nous avons énuméré les différentes possibilités de chargement de données XML dans une base de données, celle-ci pouvant être relationnelle (stockage de données XML en tant que chaîne de caractères), relationnelle compatible XML, ou XML native. Il s'avère que les bases de données relationnelles compatibles XML sont celles qui présentent, de ce point de vue, le plus d'avantages.

Malheureusement l'utilisation d'un tel type de bases de données nécessite l'emploi d'un langage (ou extension) autre que le langage SQL, dont nous avons par ailleurs relevé les avantages.

Cet aperçu de l'état de l'art dans le domaine « XML - bases de données » nous oriente donc vers un chargement de données XML dans une base de données relationnelle sans extension XML.

Nous avons constaté dans ce même sous-chapitre que les moyens utilisés pour charger des données XML dans une base de données relationnelle, utilitaires ou frameworks, nécessitent toujours un mapping, saisi manuellement ou établi à l'aide d'une interface graphique, des schémas XML → Base de données. C'est précisément ce dernier point qui nous a conduits à réfléchir à une génération (semi-)automatique du mapping.

2.4 Schema Matching et Mapping

2.4.1 Introduction

Pour charger les données contenues dans les fichiers XML dans la base de données, nous procédons à un « matching » (comparaison) d'éléments XML. Celui-ci nous permet d'aboutir à un mapping (correspondance) entre les éléments XML (Bellahsene, et al., 2011).

La notion de « mapping » est intimement liée à celle de « matching » (Miller, et al., 2000) (Rahm, et al., 2001). Madhavan, Bernstein et Rahm (Madhavan, et al., 2001), par exemple, définissent ces notions de la manière suivante : « *A schema consists of a set of related elements, such as tables, columns, classes, or XML elements or attributes. The result of a Match operation is a mapping. A mapping consists of a set of mapping elements, each of which indicates that certain elements of schema S1 are related to certain elements of schema S2* ».

Une définition similaire est donnée dans (Bellahsene, et al., 2011): « *A match is an association between individual structures in different data sources. Matches are the required components for every mapping task. The mappings are the products of the latter* ».

Un processus de matching nécessite donc en entrée deux schémas. Il est censé produire un mapping, c'est-à-dire une correspondance entre les éléments des deux schémas.

Nous nous intéresserons dans ce sous-chapitre aux différentes approches de schema matching. Nous présenterons ensuite les prototypes et outils les plus connus dans ce domaine.

2.4.2 Domaines d'application

Le schema matching s'applique dans plusieurs domaines :

- Intégration de données (Lenzerini, 2002). Des données décrites par le premier schéma sont intégrées dans un ensemble décrit par le deuxième schéma,

- Echange de données (Fagin, et al., 2005) si les schémas communiquant entre eux sont de structures différentes,

- Echange de messages si les messages échangés sont de formats différents. Ce cas se présente souvent dans l'échange P2P (Bernstein, et al., 2002) (Halevy, et al., 2003),

- Evolution de schémas (Lerner, 2000). L'évolution d'un système d'informations entraine souvent avec elle une évolution vers un nouveau schema. Celle-ci nécessite alors un mapping de l'ancien schéma vers le nouveau. C'est aussi le cas pour l'intégration de schémas (Batini, et al., 1986),

- Etc.

La notion de schema matching, qui se limitait à des structures relationnelles et XML, s'est étendue d'ailleurs aux ontologies (Falconer, et al., 2011) (Hartung, et al., 2011), une ontologie étant une représentation formelle et structurée d'un ensemble de concepts relatifs à un domaine donnée : « *An ontology provide a shared vocabulary, which can be used to model a domain, that is, the type of objects and/or concepts that exist, and their properties and relations* » (Arvidsson, et al., 2002). OWL (*Web Ontology Language*), une extension du langage RDF (*Resource Description Framework*), dont les spécifications sont définies par le World Wide Consortium, est utilisé pour la création, la publication et la diffusion d'ontologies (W3C, 2012).

2.4.3 MATCHING MANUEL ET (SEMI-)AUTOMATIQUE

Le coût d'un matching manuel peut être très élevé, du fait qu'il peut nécessiter de grands efforts et beaucoup de temps. Un matching manuel peut d'ailleurs être aussi source d'erreurs. En général, les problèmes qui se posent, sont principalement dus (Kahloula, 2009):

- A la dimension des schémas. Il existe bien des outils, souvent disposant d'une GUI (*Graphical User Interface*), qui permettent d'établir manuellement un mapping entre deux schémas. Ces outils s'avèrent malheureusement inadéquats lorsqu'il s'agit de schémas contenant des milliers d'éléments. Une (semi-)automatisation du matching est tout à fait justifiée dans ce cas-là. Des exemples typiques de grands schémas à intégrer se retrouvent dans plusieurs domaines:

  o Ontologies du domaine des sciences et des techniques,

  o Annuaires web ou catalogues de produits,

  o Schémas XML du domaine du e-Commerce,

  o Etc.

- A la dimension des schémas, à la complexité des schémas et au degré élevé d'hétérogénéité sémantique des schémas à comparer. Souvent aussi une partie de la sémantique est dissimulée dans la structure. Le mapping peut demander dans ce cas-là un apport en connaissances et expertise dans le domaine dans lequel il s'applique.

- A des problèmes linguistiques. Certains éléments, bien que correspondants, ne sont pas reconnus du fait de l'utilisation de synonymes. Les homonymes peuvent induire en erreur étant donné qu'une correspondance peut être établie entre des éléments portant le même nom, mais de contenus différents. Des abréviations peuvent par ailleurs rendre le matching encore plus difficile. Aussi l'utilisation dans le schéma d'entrée d'une terminologie en une langue autre que la langue locale peut être source de problèmes.

- A la cardinalité. La cardinalité est déterminée par le rapport entre le nombre d'éléments du premier schéma et celui du second schéma. On parle alors de cardinalité locale ou globale. L'exemple d'une cardinalité locale est une adresse, donnée dans l'un des schémas comme un seul élément, éclatée dans l'autre schéma en rue, code postal, ville et pays. Une cardinalité est globale lorsqu'à un élément du premier schéma correspondent en même temps plusieurs éléments du deuxième schéma ou inversement. Exemple: à un élément « size » d'un schéma correspondent les éléments « size min » et « size max » d'un deuxième schéma. Dans les deux cas de cardinalités, locale ou globale, les 4 formes typiques connues 1:1, 1:n, n:1 et n:m sont possibles.

- A la redondance de l'information. Celle-ci peut apparaître en présence de plusieurs sources de données. Il s'agit ici, en cas de conflit, de se décider pour l'une ou l'autre des sources de données.

- A l'Absence de données. Une source de données ne contient pas toujours toutes les données prévues dans le schéma cible. On peut dans ce cas-là utiliser pour les données qui manquent, des valeurs par défaut, la valeur *null* ou déduire la valeur cible en procédant à des calculs à partir des données sources.

La résolution de nombre de ces problèmes, qu'un utilisateur doit traiter manuellement, peuvent être résolus si le processus de matching est automatisé.

2.4.4 Différentes approches de Schema Matching automatique

Il existe différentes approches de schema matching automatique. Une taxonomie de ces différentes approches (Figure 4) a été élaborée par Rahm et Bernstein dès 2001 (Rahm, et al., 2001).

Schema Matching Approaches

Individual matcher approaches — Combining matchers

Schema-only based — Instance/contents-based — Hybrid matchers — Composite matchers

Element-level — Structure-level — Element-level — Manual composition — Automatic composition

Linguistic — Constraint-based — Constraint-based — Linguistic — Constraint-based

Further criteria:
- Match cardinality
- Auxiliary information used ...

- *Name similarity*
- *Description similarity*
- *Global namespaces*

- *Type similarity*
- *Key properties*

- *Graph matching*

- *IR techniques (word frequencies, key terms)*

- *Value pattern and ranges*

Sample approaches

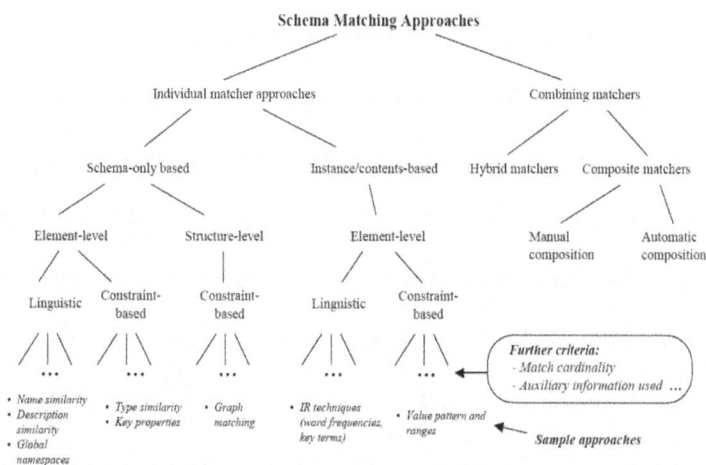

Figure 4: Approches de schema matching automatique (Rahm, et al., 2001).

Les approches sont classées ici en deux catégories : la première des catégories étant celle des approches basées sur des matchers simples, la deuxième étant celle des approches s'appuyant sur des matchers combinés.

- Matchers simples : Un matcher simple peut ne s'intéresser qu'au schéma (méta données), c'est-à-dire aux informations qui ne découlent que de la définition du schéma lui-même et ne résultent d'aucune valeur concrète d'une instance. Ces informations peuvent être linguistiques (noms des éléments), relatives aux types de données ou aux contraintes en général (not null, unique, etc.), ou enfin structurelles. Ces dernières sont celles résultant de comparaisons des positions hiérarchiques d'éléments des deux schémas, des genres (dans un modèle entité-relation par exemple : entité, relation ou attribut) ou des éléments voisins, dans lesquelles peuvent être contenues d'importantes informations sémantiques.

Mais un matcher simple peut aussi cibler les données contenues dans les instances concrètes (données par opposition à méta données). Il existe même des tentatives de déduction de schémas à partir des instances (Wang, et al., 2000). Les approches consistant à analyser les instances utilisent les Informations linguistiques. Des techniques de l'IR (*Information Retrieval*) sont appliquées et des mots clés ou des sujets extraits (Fréquence d'apparition d'un même mot, combinaison de mots, etc.). En dehors des informations linguistiques, les plages de valeurs des données contenues dans les instances peuvent être analysées dans le cas de données structurées (nombre, String) et des calculs statistiques (valeurs moyennes, dispersion) envisagés.

Un matcher peut utiliser, en dehors des schémas (méta données) ou des instances (données), des sources de renseignements externes auxiliaires permettant le rapprochement entre les deux schémas d'entrée : Les thesaurus, pour la recherche de synonymes, d'homonymes ou la résolution d'ambiguïtés ainsi que les dictionnaires de langues, en particulier dans les projets internationaux ou dans des entreprises multinationales.

Mais la référence à l'historique des décisions de mapping prises par l'utilisateur lors de traitements précédents est certainement un moyen sûr et judicieux d'automatisation du matching. C'est d'ailleurs cette dernière approche que nous adoptons pour automatiser le chargement de données XML dans une base de données relationnelle. Nous la détaillerons dans le chapitre suivant et verrons, dans ce chapitre, pourquoi le contexte global, qui a un impact sur le degré d'homogénéité des données XML en entrée, peut aussi considéré comme source d'information.

- Matchers combinés : Les matchers combinés sont répartis, dans la classification reproduite en Figure 4, en matchers hybrides et matchers composites. Les algorithmes de matching hybrides contiennent des critères de matching qui mènent à une décision de matching commune. Le résultat est plus fiable, étant donné que plusieurs informations sont utilisées. Les algorithmes de matching composites sont appliqués, quant à eux, indépendamment les uns des autres; L'élément le plus probable est donné comme résultat du matching en fonction d'un processus de pondération (Rahm, et al., 2001).

2.4.5 OUTILS ET PROTOTYPES

L'ampleur et la complexité du travail engendré par le schema matching ont vite suggéré l'idée du développement d'un outil dans le but d'assister l'utilisateur dans cette tâche. Plusieurs prototypes, dénommés alors « mapping tools », ont été développés à ce jour dans cet esprit: S-Match (Giunchiglia, et al., 2005), Cupid (Madhavan, et al., 2001), Clio (Fagin, et al., 2009), Coma++ (Do, et al., 2002) (Aumüller, et al., 2005), certains de ces prototypes étant génériques, d'autres spécifiques à une branche donnée (exemple: biomédicale). Un exemple de prototype ayant évolué vers un produit commercialisé est Altova MapForce (Altova, 2013).

Certains de ces outils ou prototypes mettent à la disposition de l'utilisateur une interface graphique (Altova, 2013) (Aumüller, et al., 2005) (Figure 5), lui permettent d'utiliser un langage évolué de mapping (Bernstein, et al., 2007), l'impliquent en lui proposant de choisir entre des algorithmes évolués (Popa, et al., 2002) (Do, et al., 2002) (Mecca, et al., 2009) ou lui offrent de le guider dans son choix d'algorithmes (Alexe, et al., 2008). Ces outils et prototypes sont, pour certains, spécifiques à un matching de type bien déterminé (XML-XML, XML-Relationnel, Ontologie-Ontologie, etc.).

De grands fournisseurs de logiciels se sont aussi engagés dans le développement de "mapping tools": C'est entre autres le cas d'IBM avec IBM InfoSphere Data Architect (IBM, 2013), de Microsoft avec Microsoft BizTalk Mapper (Microsoft, 2013), intégré dans Microsoft Visual Studio et de BEA avec BEA AquaLogic (Carey, 2006) .

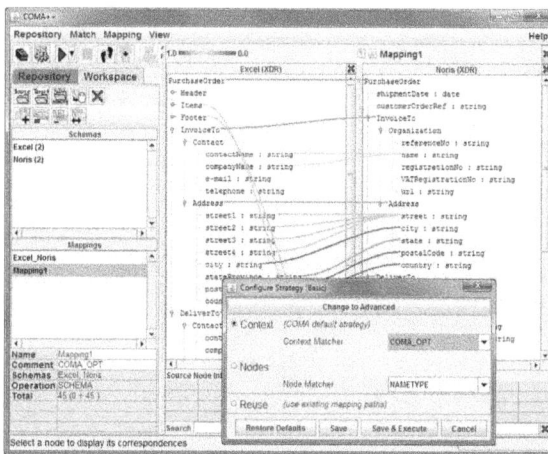

Figure 5: Interface graphique Coma++

2.4.6 CONCLUSION

Nous avons vu dans ce sous-chapitre, d'une part, que diverses approches ont été adoptées pour la résolution du problème du schema matching, et d'autre part que de nombreux outils et prototypes ont été développés à ce jour.

Nous citerons ici Rahm : « *A promising approach to improve both the effectiveness and efficiency of schema matching is the reuse of previous match results to solve a new but similar match task* » (Rahm, et al., 2001) (Rahm, 2011) pour justifier l'approche que nous avons adoptée, qui consiste à réutiliser les décisions de mapping prises par l'utilisateur lors de traitements précédents, une approche encourageante, qui n'a été que très insuffisamment exploitée à ce jour.

Nous procédons dans ce travail à un matching entre des XPaths. Le matcher que nous utilisons est, selon la classification donnée en Figure 4, un matcher hybride, puisqu'un XPath (exemple : /Orders/Customers/Address/City) contient deux informations :

1) Le nom du nœud

2) Le chemin à partir de la racine au nœud, le chemin menant au nœud étant une caractéristique importante du nœud.

2.5 Similarité de chaines de caracteres

2.5.1 Introduction

Nous considérons, lors des opérations de matching, les XPaths (exemple : /Orders/Customers/Address/City) comme des chaînes de caractères, et déterminons leur indice de similarité.

La définition théorique d'un indice de similarité (Lerman, 1970) est la suivante : Soit un ensemble fini d'objets E, un indice de similarité est une fonction positive réelle S, définie sur l'ensemble $E \times E$, qui satisfait aux conditions:

1) $\forall (x,y) \in E \times E: S(y,x) = S(x,y)$

2) $\forall (x,y) \in E \times E \; ; \; S(x,y) \leq S(x,x)$

3) Si deux objets x et y diffèrent seulement du point de vue de l'attribut a_k,

$(x_i = y_i, \; i \neq k \; et \; x_k \neq y_k)$,

et si z est un objet quelconque de E pour lequel

$|z_k - x_k| < |z_k - y_k|$,

alors

$S(x,z) \geq S(y,z)$

La plupart des indices de similarité sont normalisés pour retourner une valeur comprise entre 0 et 1. Un indice de similarité égal à 1 signifie que les deux chaînes de caractères sont parfaitement identiques.

Nous parlerons de XPaths similaires si leur indice de similarité est inférieur à 1 et de XPaths identiques si leur indice de similarité est égal à 1.

2.5.2 L'indice de Jaccard

L'indice de Jaccard (Jaccard, 1912) (Jaccard, 1901) (Tan, et al., 2005) (Tanimoto, 1957) tient son nom du botaniste suisse Paul Jaccard (1868–1944). Il est calculé comme suit:

$$S_J = \frac{A \cap B}{A \cup B}$$

Si l'on considère, à titre d'exemple, les deux chaînes de caractères :

$C_1 = "informatique"$ et $C_2 = "information"$

l'union de ces deux chaînes {a, e, f, i, m, n, o, q, r, t, u} est de longueur 11 et leur intersection {a, f, i, m, n, o, r, t} est de longueur 8.

L'indice de Jaccard est dans ce cas : $S_J = \dfrac{8}{11} = 0{,}72$.

2.5.3 COSINE

L'indice de similarité dit « Cosine » (Singhal, 2001) (Tan, et al., 2005) est calculé comme étant le cosinus de l'angle formé par deux vecteurs:

$$S_C = \cos(\theta) = \frac{A.B}{\|A\|\|B\|} = \frac{\sum_{i=1}^{n} A_i \times B_i}{\sqrt{\sum_{i=1}^{n}(A_i)^2} \times \sqrt{\sum_{i=1}^{n}(B_i)^2}}$$

Le produit scalaire des deux vecteurs A et B est divisé par le produit des normes des deux vecteurs. Le résultat de ce calcul sera toujours compris entre 0 et 1.

Si l'on considère ici aussi les chaînes de caractères

$$C_1 = \text{"informatique"} \text{ et } C_2 = \text{"information"}$$

ainsi que leur union {a, e, f, i, m, n, o, q, r, t, u}, nous pouvons traduire chacune des deux chaînes de caractères en un vecteur, en considérant le nombre d'occurrences de chacun des caractères contenu dans une chaîne par rapport à l'union des deux chaînes.

Nous obtiendrons :

$$C_1 = (1,1,1,2,1,1,1,1,1,1,1) \text{ et } C_2 = (1,0,1,2,1,2,2,0,1,1,0)$$

Cosine se calcule donc pour les chaînes de caractères C_1 et C_2 de la manière suivante :

$$I_C = \frac{(1*1)+(1*0)+(1*1)+(2*2)+(1*1)+(1*2)+(1*2)+(1*0)+(1*1)+(1*1)+(1*0)}{\sqrt{1^2+1^2+1^2+2^2+1^2+1^2+1^2+1^2+1^2+1^2+1^2} + \sqrt{1^2+0^2+1^2+2^2+1^2+2^2+2^2+0^2+1^2+1^2+0^2}}$$

$$I_C = 0{,}41$$

2.5.4 L'INDICE DE JARO-WINKLER

L'indice de Jaro-Winkler (Winkler, 1990) (Winkler, 2006), appelé aussi distance de Jaro-Winkler, est basé sur l'indice de Jaro (Jaro, 1989) (Jaro, 1995). Il complète l'indice de Jaro en tenant compte de l'ordre des caractères. Les valeurs obtenues sont plus élevées s'il s'agit de chaînes de caractères ayant le même préfixe.

La similarité de deux chaînes de caractères C_1 et C_2 précédentes est calculée suivant l'indice, ou distance, de Jaro de la manière suivante :

$$S_R = \frac{1}{3}\left(\frac{m}{|l_1|} + \frac{m}{|l_2|} + \frac{m-t}{m} \right)$$

m est ici le nombre de caractères de C_1 et C_2 correspondants entre eux, t le nombre de caractères transposés, $|l_1|$ est la longueur de C_1 et $|l_2|$ la longueur de C_2. L'éloignement maximum admis pour les caractères, en-deçà duquel on pourra dire que les caractères sont correspondants est :

$$e = \left(\frac{\max(|l_1|,|l_2|)}{2} \right) - 1$$

L'indice de Jaro-Winkler est calculé suivant la formule suivante :

$$S_W = S_R + l.p(1 - S_R)$$

S_R étant l'indice de similarité de Jaro, l la longueur du préfixe commun aux deux chaînes de caractères, et p un facteur de pondération, destiné à favoriser ou pas les chaînes ayant un préfixe commun. La valeur proposée par Winkler pour p est 0,1. La longueur l du préfixe commun aux deux chaînes ne doit pas excéder 4.

Si l'on reprend l'exemple donné pour les indices de similarité précédents, nous pourrons construire avec les chaînes de caractères C_1 et C_2 le tableau suivant :

		1	2	3	4	5	6	7	8	9	10	11	12
		i	n	f	o	r	m	a	t	i	q	u	e
1	i	1	0	0	0	0	0	0	0	1	0	0	0
2	n	0	1	0	0	0	0	0	0	0	0	0	0
3	f	0	0	1	0	0	0	0	0	0	0	0	0
4	o	0	0	0	1	0	0	0	0	0	0	0	0
5	r	0	0	0	0	1	0	0	0	0	0	0	0
6	m	0	0	0	0	0	1	0	0	0	0	0	0
7	a	0	0	0	0	0	0	1	0	0	0	0	0
8	t	0	0	0	0	0	0	0	1	0	0	0	0
9	i	1	0	0	0	0	0	0	0	1	0	0	0
10	o	0	0	0	1	0	0	0	0	0	0	0	0
11	n	0	1	0	0	0	0	0	0	0	0	0	0

Tableau 1: Matrice pour le calcul de l'indice de Jaro-Winkler

L'éloignement maximum admis pour les caractères correspondants est ici :

$$e = \left(\frac{\max\left(|l_1|, |l_2|\right)}{2} \right) - 1 = \frac{12}{2} - 1 = 5$$

Notons que les caractères suivants sont éloignés l'un de l'autre de plus de 5 caractères, et ne seront pas considérés comme correspondants :

- Le premier « i » de « information » et le deuxième « i » de « informatique »

- Le premier « i » de « informatique » et le deuxième « i » de « information »

- Le « n » de « informatique » et le deuxième « n » de « information »

- Le « o » de « informatique » et le deuxième « o » de « information »

Le nombre de caractères correspondants est : $m = 9$

Les longueurs respectives des deux chaînes de caractères sont : $|l_1| = 12$ et $|l_2| = 11$

Le nombre de transpositions est : $t = 0$

L'indice de Jaro pour les deux chaînes est :

$$S_R = \frac{1}{3}\left(\frac{m}{|l_1|} + \frac{m}{|l_2|} + \frac{m-t}{m} \right) = \frac{1}{3}\left(\frac{9}{12} + \frac{9}{11} + \frac{9-0}{10} \right) = 0,82$$

Pour $l = 9$ (longueur du préfixe commun aux deux chaînes : « informati ») et $p = 0,1$ (valeur standard), l'indice de similarité de Jaro-Winkler pour les deux chaînes C_1 et C_2 sera donc: $S_W = S_R + l.p(1 - S_R) = 0,82 + 9 * 0,1(1 - 0,82) = 0,98$

2.5.5 L'INDICE DE DICE-SØRENSEN

L'indice de Dice-Sørensen (Dice, 1945) (Sørensen, 1957) a été développé par les botanistes Thorvald Sørensen et Lee Raymond Dice, ce dernier ayant été l'auteur de la première publication en 1945. L'indice de Dice-Sørensen s'écrit comme suit :

$$S_S = \frac{2|A \cap B|}{|A| + |B|}$$

Les chaînes de caractères C_1 et C_2 sont de longueurs respectives 12 et 11. Leur intersection {a, f, i, m, n, o, r, t} est de longueur 8. Le coefficient de Sorensen est :

$$S_S = \frac{16}{23} = 0,69.$$

2.5.6 INDEX INVERSE, N-GRAMMES ET τ -OVERLAP JOIN

Il est souvent question dans la littérature, en particulier dans celle relative au domaine de l'Information Retrieval et de la Recherche Approximative dans des Dictionnaires (*Approximate Dictionary Matching*) d'une représentation de chaînes de caractères sous formes de *n*-grammes (*n-grams*), les *n*-grams d'une chaîne de caractères étant l'ensemble des parties de la chaîne (*substrings*) de longueur *n* (Okazaki, et al., 2010).

La chaîne de caractères « compresseur centrifuge », par exemple est représentée par l'ensemble des trigrammes (*n*-grammes de longueur 3) suivant :

{'\$\$c', '\$co', 'com', 'omp', 'mpr', 'pre', 'res', 'ess', 'sse', 'seu', 'eur', 'ur_', 'r_c', '_ce', 'cen', 'ent', 'ntr', 'tri', 'rif', 'ifu', 'fug', 'uge', 'ge\$', 'e\$\$'}

Les deux premiers caractères ainsi que les deux derniers, qui sont les caractères \$\$, sont en général prévus pour indiquer le début et la fin de la chaîne de caractères.

Aussi un index, en Information Retrieval, associe une liste de documents les mots qui y apparaissent. Un index inversé (*inverted index*), quant à lui, associe à une liste de mots les documents dans lesquels ils apparaissent. Un index inversé accélère la recherché des documents dans lesquels apparaît un mot mais ralentit le traitement lors de l'ajout de documents à la liste.

Dans ce contexte, la démarche suivante (Okazaki, et al., 2010) (Sarawagi, et al., 2004), ou des variantes de celle-ci, dont le but est de rendre le calcul des indices de similarité plus efficace, est décrite dans diverses publications : Il est créé, dans le but de sélectionner les chaînes de caractères d'un ensemble V similaires à une chaîne de caractères X, un index inverse des listes de *n*-grammes des chaînes de caractères. Ces indexes permettront de déterminer le nombre τ de chevauchements (*overlaps*) entre la chaîne de caractère X et les chaînes de l'ensemble V. Les chaînes de caractères de l'ensemble V, dont le nombre de chevauchements avec la chaîne X est égal à un τ minimal, sont potentiellement similaires à la chaîne X.

2.5.7 CONCLUSION

Aussi bien (Cohen, et al., 2003) que (Da Silva, et al., 2007) sont d'accord pour affirmer que Jaro-Winkler est un indice de similarité de bonne qualité: « *good distance metric is a fast heuristic scheme, proposed by Jaro and later extended by Winkler* » (Cohen, et al., 2003), « *we performed experiments to assess the quality of eight similarity functions according to the discernability function. The results show that, for the data set considered, the best function was Jaro-Winkler* » (Da Silva, et al., 2007). L'efficience (*Efficiency*) et l'efficacité (*Effectiveness*) de l'indice de Jaro-Winkler en font un indice utilisé dans nombre de prototypes (Bellahsene, et al., 2011).

Bien que nous ayons pris en considération dans nos recherches tous les indices décrits dans ce sous-chapitre et que nous les ayons prévus dans le prototype que nous avons développé, c'est donc l'indice de Jaro-Winkler que nous utiliserons par défaut dans les opérations de matching. Celui-ci a donné sur le plan de l'efficacité, lors des tests que nous avons effectués et dont nous parlerons dans le chapitre suivant, les meilleurs résultats.

2.6   Conclusion du chapitre

L'état de l'art dans les domaines XML et bases de données nous incite au chargement de données XML dans une base de données relationnelle, sans extension XML, puisque nous souhaitons utiliser le langage SQL et des outils d'interrogation de bases de données.

Nous avons vu par ailleurs que l'ensemble des outils classiques de chargement de données nécessite un mapping manuel, très souvent onéreux et fastidieux.

Il existe plusieurs approches d'automatisation de schema matching, conduisant à un mapping entre deux schémas. Une approche encourageante, qui n'a été que très insuffisamment exploitée à ce jour, est toutefois l'utilisation de décisions de mapping prises par l'utilisateur lors de traitements antérieurs.

Il existe aussi plusieurs méthodes de calcul de similarité de deux chaînes de caractères, calcul utilisé lors du processus de schema matching automatique. Parmi ces méthodes, produisant un indice, la méthode de Jaro-Winkler est celle, sur le plan de l'efficience comme sur le plan de l'efficacité, qui donne les meilleurs résultats.

3 L'ALGORITHME ZeroOne

3.1 INTRODUCTION AU CHAPITRE

L'état de l'art dans le domaine des bases de données, du schema matching et des méthodes de calcul de l'indice de similarité de chaînes de caractères, nous a incités à réutiliser les décisions de mapping prises par l'utilisateur précédemment pour procéder à un matching (semi-)automatique et arriver à un chargement (semi-)automatique aussi de données contenues dans des fichiers XML dans une base de données relationnelles.

Nous prouverons dans ce chapitre que l'efficience de cette méthode qui consiste à stocker les décisions de mapping précédentes dans ce que nous appelons une Mapping Knowledge Base (MKB) dans le but de les réutiliser plus tard, est dépendante du degré d'homogénéité des fichiers XML. Une observation de l'évolution du volume d'une MKB, volume qui peut atteindre une dimension importante, nous permettra de proposer une stratégie d'utilisation de cette MKB, qui consiste à basculer à partir d'un certain moment sur une recherche exacte (algorithme ZeroOne) des XPaths contenus dans la MKB, identiques à ceux contenus dans le fichier XML à charger dans la base de données relationnelle.

3.2 Algorithme ZeroOne

3.2.1 Introduction

Nous commencerons dans ce sous-chapitre d'abord par présenter la MKB et décrire son usage dans le chargement de fichiers XML dans une base de données relationnelle. Nous nous intéresserons ensuite à l'évolution du volume d'une MKB, car celui-ci peut devenir important au fil du temps, c'est-à-dire au fur et à mesure des chargements de fichiers XML dans la base de données cible.

Pour obtenir des temps de traitements raisonnables malgré le volume important de la MKB, nous proposons une stratégie qui consiste à utiliser après un certain temps une recherche exacte. Nous décrirons en détail l'algorithme de recherche exacte, auquel nous avons donné le nom d'algorithme *ZeroOne* (cf. 3.2.3 Description de l'algorithme ZeroOne), ainsi qu'à titre comparatif l'algorithme, que nous avons appelé *AllScan* (Kahloula, et al., 2013) , qui consiste à parcourir séquentiellement toute la MKB.

Nous distinguons dans l'évolution du volume de la MKB deux périodes : une première que nous avons appelée « période de remplissage » et qui est la période de construction de la MKB, puis une deuxième, pendant laquelle le volume, ayant atteint son maximum, demeure stable.

3.2.2 Mapping Knowledge Base

3.2.2.1 Utilisation d'une Mapping Knowledge Base

Ce que nous appelons une MKB, c'est une table contenant l'historique des mappings saisis ou validés par l'utilisateur lors de traitements précédents. Elle associe à des XPaths des noms de colonnes d'une table. La relation XPath → nom_de _colonne est de cardinalité n : 1, plusieurs Xpaths, tous différents l'un de l'autre, pouvant être associés à la même colonne. La structure minimale de la MKB suppose donc l'existence de deux colonnes : une première colonne contenant des XPaths, et une deuxième colonne contenant des noms de colonnes d'une table cible.

Il est procédé, avant que les données contenues dans le fichier XML ne soient chargés dans la table, à une recherche dans la MKB de chacun des XPaths extraits à partir du fichier XML, ou à un XPath similaire (cf. 2.5 Similarité de chaînes de caractères). La colonne associée au XPath dans la MKB est proposée à l'utilisateur dans le cas où la recherche aboutit. L'utilisateur peut alors valider le mapping. Le mapping, validé par l'utilisateur, est enregistré à son tour dans la MKB. Une recherche infructueuse d'un XPath identique ou similaire dans la MKB, astreint l'utilisateur à associer manuellement un nom de colonne au XPath extrait à partir du fichier XML. Ce mapping établi manuellement est aussi ajouté à la MKB.

Nous procédons, en utilisant une MKB, par transitivité (Kahloula, et al., 2013) : Supposons que S1 soit l'ensemble des XPaths contenus dans le fichier XML et que la MKB contienne un mapping S2→S3, S2 étant un ensemble de XPaths et S3 un ensemble de noms de colonnes. Un matching entre S1 et S2 a tout d'abord lieu. Le mapping S2→S3 est ensuite utilisé pour aboutir au résultat, qui est un mapping S1→S3. Ce mapping est ajouté à son tour, après validation par l'utilisateur, à la MKB (Figure 6).

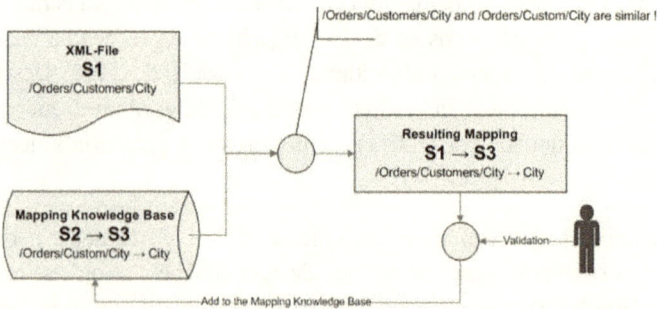

Figure 6: Utilisation d'une Mapping Knowledge Base

3.2.2.2 Evolution du volume d'une Mapping Knowledge Base

Le volume de la MKB est appelé, au fur et à mesure des chargements de fichiers XML dans la base de données cible, à augmenter. Le nombre de XPaths qu'elle contient améliore, en augmentant, la probabilité de trouver en elle un XPath identique ou similaire à un XPath extrait à partir d'un fichier XML.

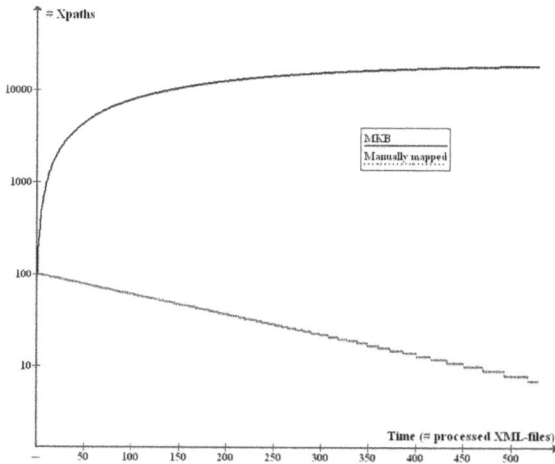

Figure 7: Evolution du volume d'une Mapping Knowledge Base

Considérons, pour illustrer cette affirmation, l'exemple suivant lequel nous ayons à charger des fichiers XML, à partir desquels est extrait un nombre de XPaths constant égal à 100. Supposons par ailleurs que le pourcentage des XPaths identiques trouvés dans la MKB soit aussi constant et égal à 1. Le résultat du programme de simulation donné en annexe, basé sur ces hypothèses, est donné par la Figure 7. Une variation des paramètres et ne changerait pas l'allure de la courbe, qui dans tous les cas est croissante, puis finit par se stabiliser.

Nous constatons que le nombre de XPaths contenus dans la MKB tend, après une période de remplissage, à se stabiliser, alors que le nombre de mappings établis manuellement est linéairement décroissant.

Nous avons supposé pour cette simulation que le pourcentage des XPaths trouvés dans la MKB, identiques aux XPaths extraits à partir des fichiers XML, est égal à 1. En faisant varier ce pourcentage (Figure 8), nous simulons une variation du degré d'homogénéité des fichiers XML à charger dans la base de données. Des fichiers XML peuvent être très homogènes s'ils sont d'un seul domaine bien précis (exemple : industrie de la liquéfaction du gaz *ou* biomédical), mais ils le sont moins s'ils appartiennent à plusieurs domaines différents (exemple : industrie de la liquéfaction du gaz *et* biomédical). Le volume de la MKB prend d'autant plus d'ampleur avec le temps que les domaines, dont relèvent les fichiers XML, sont nombreux. La période de remplissage, ou de construction, de la MKB est plus ou moins longue suivant le degré d'homogénéité, mais le volume finit toujours par se stabiliser.

Faire varier le degré d'homogénéité équivaut à faire varier la Précision. La Précision (*precision* ou *positive predictive value*) est un critère de mesure de performance utilisé en Recherche d'Information (*Information Retrieval*). Nous aborderons ce sujet plus en détail en 3.3 (Efficience et efficacité).

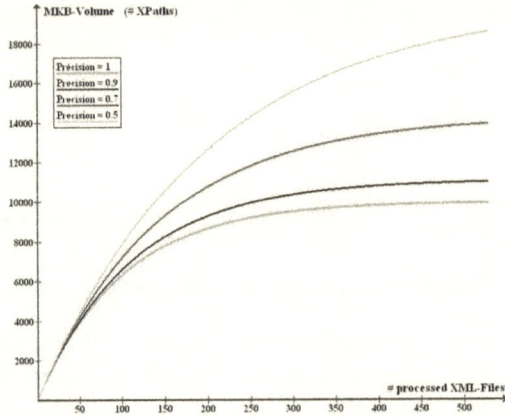

Figure 8: Evolution du volume de la Mapping Knowledge Base en fonction de la Précision

3.2.3 DESCRIPTION DE L'ALGORITHME ZEROONE

Nous avons utilisé dans nos recherches et dans le prototype développé dans ce cadre, ce qui est appelé dans la littérature un « Name Matching » (Rahm, et al., 2001) (Bilenko, et al., 2003). Le Name Matching est basé sur une comparaison des noms des éléments : « *Name-based matching matches schema elements with equal or similar names. Similarity of names can be defined and measured in various ways [...]* » (Rahm, et al., 2001).

Nous comparons chacun des XPaths extrait à partir du fichier XML à charger dans la base de données cible, à chacun des XPaths contenus dans la MKB. Nous déterminons lors de cette comparaison la valeur de l'indice de similarité. La méthode de calcul de l'indice de similarité est l'une de celles décrites en 2.5 (Similarité de chaînes de caractères): Jaccard, Cosine, Jaro-Winkler, Dice-Sørensen. Le mapping, résultant du matching ayant produit la valeur de l'indice de similarité la plus élevée, est proposé pour validation à l'utilisateur.

L'algorithme de matching, que nous appellerons AllScan est décrit ci-dessous (Kahloula, et al., 2013):

```
// FP[i] are the XPaths extracted from the XML-file (i=1,n)
// MP[j] are the XPaths contained in the Mapping Knowledge Base (j=1,m)
// MCol[j] are the columns of the target table mapped to the MP[j]
// We search for FCol[i], the columns of the target table to map to FP[i]
FOR i=1,n {
  // Loop on XML-file
  maxSim = 0 ;
  FOR j=1,m {
  // Loop on MKB
    CALCULATE s = sim(FP[i],MP[j]);
    IF (s > maxSim) {
      maxSim = s;
      sim[i] = maxSim;
      FCol[i]= MCol[j];
      IF (sim[i]=1) EXIT LOOP;
    }
  }
}
```

Le matching, c'est-à-dire la détermination de la valeur de l'indice de similarité d'un XPath extrait à partir du fichier XML avec chacun des XPaths contenus dans la MKB, est interrompu si l'indice de similarité est égal à 1 (cf. 2.5 Similarité de chaînes de caractères). Ceci signifie qu'un XPath exactement identique à celui extrait à partir du fichier XML a été trouvé dans la MKB.

Le calcul de l'indice de similarité entre les deux XPaths, celui extrait à partir du fichier XML et celui contenu dans la MKB, a lieu après un traitement préalable du premier: Les caractères spéciaux quelquefois utilisés dans des noms d'éléments XML (tiret bas, trait d'union, deux points, etc.) en sont retirés, les XPaths contenus dans la MKB sont « nettoyés » de ces caractères avant même leur insertion dans la MKB.

Si l'on considère l'algorithme que nous venons de donner, nous constaterons que le calcul de l'indice de similarité a lieu à l'intérieur de deux boucles imbriquées. Dans le cas le plus défavorable (*worst case*), c'est-à-dire dans celui où il n'a pas été trouvé dans la MKB de XPaths exactement identiques aux XPaths extraits à partir du fichier XML (indice de similarité = 1) et donc que la boucle intérieure n'a jamais été interrompue, le calcul de l'indice de similarité doit être calculé $n*m$ fois si n est le nombre de XPaths contenus dans le fichier XML à charger et m le nombre de XPaths contenus dans la MKB.

Ainsi que nous l'avons déjà souligné en 3.2.2.2 (Evolution du volume d'une Mapping Knowledge Base), le volume de la MKB est appelé, au fur et à mesure des chargements de fichiers XML dans la base de données cible, à augmenter. Bien que se stabilisant avec le temps, il peut s'élever à plusieurs milliers d'enregistrements.

Indépendamment de la méthode de calcul utilisée pour la détermination de l'indice de similarité, le schema matching peut demander beaucoup de temps.

On peut distinguer, en observant la Figure 7, représentant l'évolution du volume d'une MKB, deux périodes :

- Une première période P_R, dont nous dirons que c'est la période de remplissage,

- Une deuxième période P_S, durant laquelle la MKB est « suffisamment remplie ». Son volume est stable.

P_R+P_S est la durée de vie de la MKB.

S'il est permis d'utiliser l'algorithme AllScan durant la période P_R, car la MKB n'est pas suffisamment remplie et que la probabilité p de trouver en elle un XPath, exactement identique à l'XPath extrait à partir du fichier XML, est petite, l'algorithme est certainement « surdimensionné » pour la période P_S. On peut, en effet, procéder durant cette deuxième période à une recherche exacte, étant donné que la probabilité p est alors élevée.

C'est précisément cet algorithme de recherche exacte, tout indiqué pour être utilisé durant la période PS, que nous appelons *ZeroOne* (Kahloula, et al., 2013). Nous le décrivons en pseudo-code dans ce qui suit :

```
// FP[i] are the XPaths extracted from the XML-file (i=1,n)
// MP[j] are the XPaths contained in the Mapping Knowledge Base (j=1,m)
// MCol[j] are the columns of the target table mapped to the MP[j]
// We search for the FCol[i], the columns of the target table to map to
FP[i]
// Loop on XML-file
FOR i=1,n {
  // Search for FP[i] in the Mapping Knowledge Base
  SEEK FP[i];
  IF FOUND {
    // MP[j] = FP[i] found and its corresponding MCol[j]
    FCol[i]= MCol[j];
  }
}
```

Notre stratégie consiste donc à utiliser pendant la période de remplissage P_R l'algorithme que nous avons appelé AllScan, qui consiste à parcourir séquentiellement toute la MKB, puis d'utiliser à partir du moment où la MKB est suffisamment pleine, l'algorithme ZeroOne, qui est une recherche dans la MKB d'un XPath exactement identique.

3.2.4 CONCLUSION

Nous retenons de ce sous-chapitre que le volume d'une MKB connaît deux périodes : d'abord une période de construction, pendant laquelle la MKB se remplit progressivement, au fur et à mesure des fichiers XML traités, ensuite une période durant laquelle son volume, ayant atteint son maximum, demeure stable. Durant cette deuxième période, les XPaths extraits à partir des fichiers XML à traiter sont déjà contenus dans la MKB.

Nous utiliserons donc durant la première période un algorithme qui parcourra la MKB de manière séquentielle jusqu'à trouver un XPath identique ou similaire au XPath cherché (AllScan) puis nous basculerons vers un algorithme de recherche exacte (ZeroOne) que nous utiliserons durant la deuxième période.

3.3   EFFICIENCE ET EFFICACITE

3.3.1 INTRODUCTION

L'efficience (*Effectiveness*) et l'efficacité (*Efficiency*) d'un algorithme ou d'une stratégie de matching sont deux facteurs importants, en particulier en présence de grands volumes.

Par efficience, nous entendons l'aptitude à identifier correctement les mappings. L'efficacité, quant à elle, est la capacité à utiliser le moins de ressources possibles. Plus précisément le temps de traitement, peut durer plusieurs heures, voire plusieurs jours (Shvaiko, et al., 2009). Ainsi le fait remarquer aussi Erhard Rahm : « ... *For some OAEI (Ontology Alignment Evaluation Initiative ndr) match tasks and systems, execution times in the order of several hours or even days are observed* » (Rahm, 2011). Il est évident que ces temps d'exécution pour des systèmes de schema matching interactifs sont inacceptables (Rahm, 2011).

Nous distinguons dans l'évolution du volume d'une MKB deux périodes : une période de remplissage ou de construction, durant laquelle le volume de la MKB augmente progressivement puis une deuxième période, durant laquelle le volume de la MKB se stabilise et demeure constant.

Nous déterminerons dans sous-chapitre le point à partir duquel le volume de la MKB peut être considéré comme constant. C'est à partir de ce point que le basculement d'une recherche séquentielle des XPaths dans la MKB, vers une recherche exacte peut se faire.

La première des périodes pouvant être plus ou moins longue, suivant l'hétérogénéité des fichiers XML à charger dans la base de données, nous nous intéressons à un moyen d'optimiser l'efficacité de l'utilisation de la MKB aussi durant cette période, consistant en l'application du principe dit « de localité ». Nous verrons aussi quel est l'impact de l'utilisation d'un dictionnaire de synonymes, le remplacement dans un XPath d'un nom de nœud par un synonyme pouvant entraîner une augmentation de l'indice de similarité du XPath avec un des XPaths contenus dans la MKB.

3.3.2 EFFICIENCE

Comme dans (Do, et al., 2003), nous emprunterons pour estimer l'efficience de notre stratégie de matching les outils de mesure du domaine de l'Information Retrieval, en particulier celle dite F-Mesure (*F-Measure* ou *F-Score*), qui est une combinaison des deux mesures dites Rappel (*Recall*) et Précision (*Precision*).

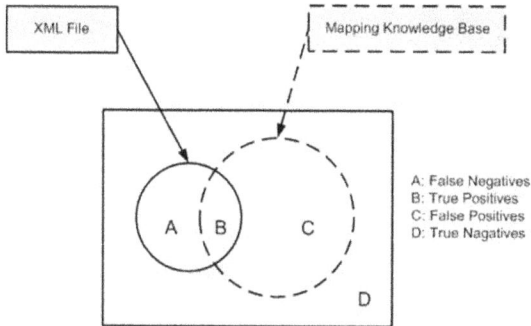

Figure 9: Mesures de qualité

Nous avons à établir une correspondance entre les XPaths contenus dans le fichier XML à charger dans la base de données, et ceux contenus dans la MKB. Dans la Figure 9:

- La partie A, qui est celle des « faux négatifs », représente les XPaths du fichier XML qui ne figurent pas encore dans la MKB.

- La partie B, les « vrais positifs », est celle des XPaths contenus dans le fichier XML existant dans la MKB. Le mapping est établi dans ce cas-là automatiquement.

- La partie C, les « faux positifs », est l'ensemble des XPaths qui, bien qu'existant dans la MKB, ne nous sont pas utiles pour le traitement du fichier XML, étant donné qu'ils ne sont pas contenus dans ce dernier.

- La partie D, les « vrais négatifs », ne sont d'aucun intérêt, puisqu'il s'agit d'XPaths qui ne figurent ni dans le fichier XML à charger, ni même dans la MKB.

La Précision, dont nous avons vu qu'elle reflète le degré d'homogénéité des fichiers XML (Figure 8), est la part des correspondances réelles parmi toutes celles trouvées. L'ensemble de toutes les correspondances trouvées étant l'ensemble des XPaths contenus dans la MKB. La Précision est calculée comme suit:

$$\text{Precision} = \frac{|B|}{|B| + |C|}$$

Le Rappel, quand à lui, est la part des correspondances réelles parmi toutes celles recherchées. L'ensemble de toutes les correspondances recherchées étant l'ensemble des XPaths contenus dans le fichier XML. Le Rappel est calculé de la manière suivante :

$$\text{Recall} = \frac{|B|}{|A| + |B|}$$

Précision et Rappel, ne donnent chacun en général qu'une idée relative de la qualité (Do, et al., 2003). Une troisième mesure, qui est la moyenne harmonique des deux, est donc utilisée: la F-Mesure. Celle-ci est donnée par la formule suivante:

$$F_{\alpha} = 2 * \frac{\text{Precision} * \text{Recall}}{\alpha * \text{Precision} + \text{Recall}}$$

où α est un facteur de pondération du Rappel par rapport à la précision.

Bien que nous n'ayons aucune information sur le volume des fichiers XML que nous avons à charger dans la base de données cible, c'est à dire sur le nombre de XPaths qu'ils contiennent, et que nous ne disposons d'aucun élément pour influer sur ce volume, nous avons, lors de notre simulation du volume de la MKB (Figure 7 et Figure 8) considéré l'hypothèse suivant laquelle ce volume est constant (égal à 100 XPaths). Nous avons d'autre part supposé que le pourcentage de XPaths trouvés dans la MKB est égal à 1. Ces hypothèses se traduisent, dans la Figure 10, par une Précision constante. Mais nous constatons dans cette même figure que le Rappel et la F-Mesure « accompagnent » l'évolution du volume de la MKB. Ces deux mesures augmentent en effet jusqu'à un certain seuil pour finir par se stabiliser. Ceci signifie qu'elles atteignent leur maximum à partir du moment où le volume de la MKB s'est stabilisé. L'efficience est donc optimale à partir de ce point. C'est précisément ce point, que l'on déterminera en 3.3.4, qui est le point au-delà duquel l'utilisateur pourra basculer vers l'algorithme ZeroOne.

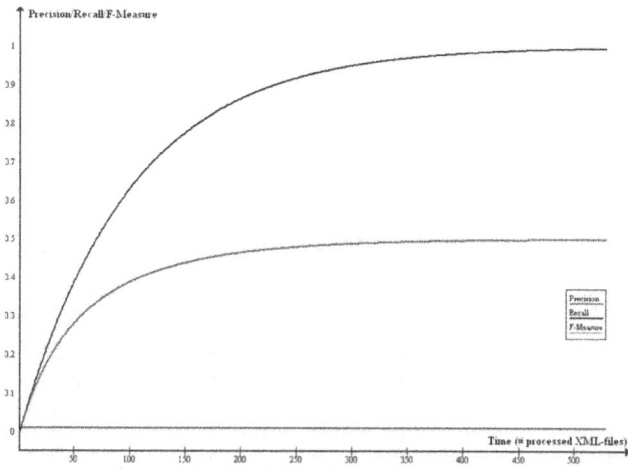
Figure 10: Précision, Rappel et F-Mesure

3.3.3 EFFICACITE

Pour tester l'efficacité de l'algorithme ZeroOne, nous avons généré des fichiers XML ayant des volumes croissants. Nous avons utilisé dans ce but le programme de génération de fichiers XML, disponible sur le web, du projet XMark (XMark, 2013). Le projet XMark met à la disposition des utilisateurs et développeurs une suite d'outils permettant d'évaluer les performances de produits exploitants des données XML. Les fichiers XML créés automatiquement par le programme fourni par XMark sont d'un même domaine, celui du e-Commerce (Commandes, Livraisons, etc.).

Les tests ont eu lieu avec des fichiers XML, dont le nombre de XPaths varie de 250 à 450. Le volume des fichiers, qui contiennent aussi des instances, varie quant à lui de 0,3 à 12 MB. La MKB contient elle-même 450 XPaths. Les tests se sont déroulés sur une machine Windows XP de 1,98 GB de RAM et 2x86 processeurs de 3GHz, avec un référentiel créé dans une base de données Oracle Database 10g Enterprise Edition, installée sur la même machine.

Nous constatons, au vu de la représentation graphique des résultats des tests (Tableau 2/Figure 11) que l'algorithme ZeroOne est le plus performant. Ce résultat, d'ailleurs attendu, est dû au fait que l'accès à la MKB n'est pas séquentiel mais qu'il a lieu à travers un index. Il s'agit, dans le cas de l'algorithme ZeroOne, d'une recherche exacte. L'évaluation de l'indice de similarité (cf. 2.5 Similarité de chaînes de caractères) entre chacun des XPaths contenus dans le fichier XML et chacun de ceux contenus dans la MKB, suivant l'une ou l'autre des méthodes (Jaccard, Jaro-Winkler, Cosine, Dice-Sørensen), n'a pas lieu dans le cas de l'algorithme ZeroOne.

	Processing Time (sec)				
Volume (MB)	Dice-Sorensen	Cosine	Jaccard	Jaro-Winkler	ZeroOne
0,325	6,328	5,875	3,266	2,828	1,484
0,698	8,907	7,500	5,468	3,859	2,235
1,050	9,266	8,672	6,234	4,781	2,766
1,363	10,032	9,531	7,109	5,640	3,437
1,810	11,532	11,094	7,844	6,766	4,509
2,132	11,672	12,140	8,594	7,344	4,788
2,509	12,813	12,938	9,531	8,563	5,763
2,897	13,797	13,828	10,375	9,219	6,060
4,050	16,782	17,203	13,563	11,891	7,544
5,194	19,641	19,000	16,156	14,218	9,590
6,381	22,250	23,016	19,125	16,625	10,721
12,350	36,625	36,375	33,015	31,547	17,625

Tableau 2: Test d'efficacité

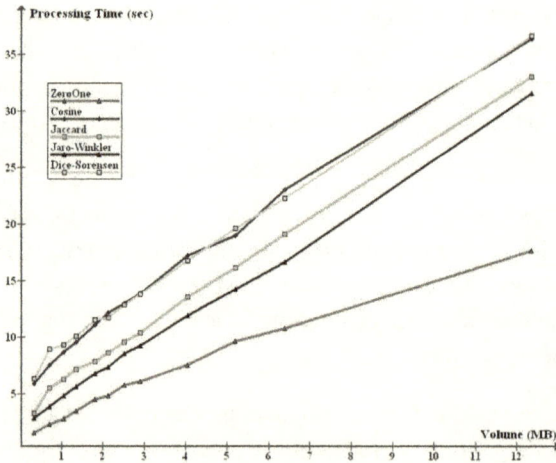

Figure 11: Test d'efficacité

La création de la MKB comme table du référentiel, contenant les trois colonnes mkb_path, table_name et column_name, et représentant donc un mapping :

$$mkb\_path \rightarrow (table\_name, column\_name)$$

est suivie de la création d'un index sur les colonnes `table_name` et `mkb_path`. Un accès tel que dans l'exemple suivant :

```
SELECT column_name
FROM mkb
WHERE table_name='orders' AND mkb_path='/Orders/Customers/Address/City';
```

utilisera nécessairement l'index sur les colonnes `table_name` et `mkb_path`. Or le rôle primordial d'un index est d'accélérer les accès: « *Indexes are optional structures associated with tables and clusters. You can create indexes on one or more columns of a table to speed SQL statement execution on that table. Just as the index in this manual helps you locate information faster than if there were no index, an Oracle index provides a faster access path to table data. Indexes are the primary means of reducing disk I/O when properly used* » (Oracle Corporation (6), 2013). Ceci est valable pour tout SGBD. La bonne performance de l'algorithme ZeroOne est donc justifiée par l'utilisation d'un index.

Nous remarquons en outre, que l'écart entre l'algorithme ZeroOne et le calcul d'indice de similarité, quel que soit la méthode de calcul, se creuse de plus en plus avec le temps (Tableau 2/Figure 11). Et donc, plus le volume de la MKB est grand plus la recherche exacte, utilisant un index, est efficace.

Un résultat secondaire des tests confirme, comme dans (Cohen, et al., 2003) et (Da Silva, et al., 2007), que l'indice de similarité de Jaro-Winkler nécessite moins de temps que le reste des indices étudiés.

3.3.4 POINT DE BASCULEMENT VERS L'ALGORITHME ZEROONE

La Figure 12 représente l'évolution du volume de la MKB (nombre de XPaths contenus dans la MKB) en fonction du nombre de fichiers traités. Le nombre de XPaths contenus dans la MKB est considéré par l'utilisateur comme constant s'il n'a

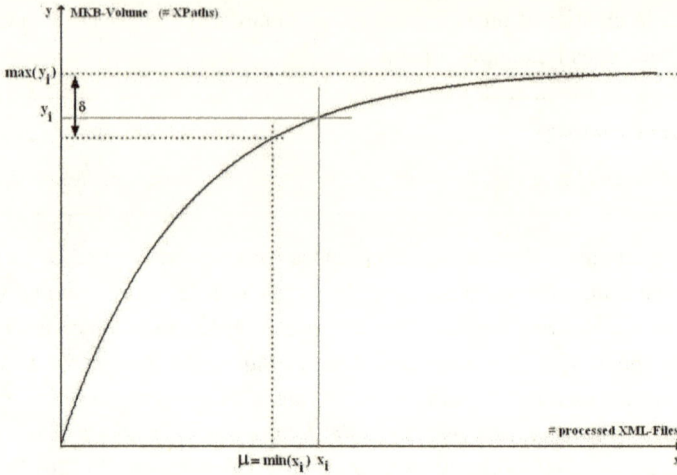

Figure 12: Point de basculement vers l'algorithme ZeroOne

varié depuis un certain temps (depuis qu'un certain nombre de fichiers ont été traités) que d'une valeur δ. Nous recherchons, en fonction de δ, le point μ de l'axe des abscisses, à partir duquel l'utilisateur pourra opter pour l'algorithme ZeroOne. Celui-ci est donné par :

$$\mu = \min(x_i), \text{ tel que } \max(y_i) - y_i \leq \delta$$

Ceci signifie qu'au bout de μ fichiers traités, l'utilisateur pourra opter pour l'algorithme ZeroOne (recherche exacte) et basculer sur un chargement automatique des fichiers XML dans la base de données.

Le prototype développé dans la cadre de cette thèse (cf. 4.2 Architecture et fonctionnalités du prototype Naxos) dispose d'un module de statistiques permettant de déterminer le point de basculement en fonction d'une valeur δ introduite par l'utilisateur. Les statistiques établies permettent de déterminer depuis quand le volume de la MKB peut être considéré comme stable (cf. 4.2.3 Architecture globale).

3.3.5 PERIODE DE REMPLISSAGE DE LA MKB

Nous avons vu précédemment (cf. 3.2.2 Mapping Knowledge Base) que la période de remplissage de la MKB varie suivant le degré d'homogénéité des fichiers XML à charger dans la base de données cible. Cette période peut prendre un certain temps si les fichiers relèvent de plusieurs domaines totalement différents. Aussi bien l'efficience que l'efficacité peut être améliorée durant cette période.

3.3.5.1 Similarité de XPaths

Il est possible de calculer l'indice de similarité de deux XPaths de deux manières différentes :

- La première, appelée *StringSim* ou *NamePath* (Do, et al., 2002), consiste à considérer les XPaths comme des chaînes de caractères. Les méthodes de calcul de l'indice de similarité (cf. 2.5 Similarité de chaînes de caractères) sont appliquées aux chaînes de caractères. Elle est présentée par (Do, et al., 2002) comme suit: « This matcher matches elements based on their hierarchical names, i.e. both structural aspects and element names are considered. It first builds a long name by concatenating all names of the elements in a path to a single string. It then applies Name to compute the similarity between these long names ».

- La deuxième, appelée *XPathSim* ou *PathSim* (Vinson, et al., 2007), traite les XPaths comme des listes de noms d'éléments. Il est procédé au calcul de L'indice de similarité des listes ainsi obtenues. Plusieurs recherches abondent dans ce sens (Boukottaya, et al., 2005) (Carmel, et al., 2002) et différentes variantes de ce mode de calcul de l'indice de similarité de deux XPaths sont proposées.

Si l'on considère les deux XPaths suivants :

X_1="/Orders/Customers/City" et X_2="/Orders/Custom/Address/City"

Le calcul de l'indice de Similarité de X_1 et X_2, selon Jaro-Winkler (cf. 2.5.4 L'indice de Jaro-Winkler) adapté à la similarité de XPaths, se calcule suivant la matrice suivante :

		1 Orders	2 Customers	3 City
1	Orders	1	0	0
2	Custom	0	0	0
3	Address	0	0	0
4	City	0	0	1

Tableau 3: Jaro-Winkler appliqué à XpathSim

Les longueurs respectives des deux XPaths sont : $|l_1| = 4$ et $|l_2| = 3$

L'éloignement maximum admis pour les nœuds est ici :

$$e = \left(\frac{\max(|l_1|,|l_2|)}{2} \right) - 1 = \frac{4}{2} - 1 = 1$$

Le nombre de nœuds correspondants est : $m = 2$ ("Orders" et "City")

Le nombre de transpositions est : $t = 0$

L'indice de Jaro pour les deux chaînes est :

$$S_R = \frac{1}{3}\left(\frac{m}{|l_1|} + \frac{m}{|l_2|} + \frac{m-t}{m} \right) = \frac{1}{3}\left(\frac{2}{4} + \frac{2}{3} + \frac{2-0}{2} \right) = 0,72$$

Pour $l = 1$ (longueur du préfixe commun aux deux XPaths : "Orders") et $p = 0,1$ (valeur standard), l'indice de similarité de Jaro-Winkler pour les deux XPaths X_1 et X_2 sera donc:

$$S_W = S_R + l.p(1 - S_R) = 0,72 + 1 * 0,1(1 - 0,72) = 0,74$$

Les différents indices de similarité, calculés comme indiqué en 2.5 (Similarité de chaînes de caractères), suivant les deux méthodes StringSim et XPathSim sont donnés dans le Tableau 4 :

	StringSim	XPathSim
Jaro-Winkler	0,92	0,74
Cosine	0,95	0,57
Jaccard	0,92	0,40
Dice-Sorensen	0,48	0,57

Tableau 4: StringSim comparé à XpathSim (1)

Ces résultats ne nous permettent malheureusement pas de tirer de conclusion quant à l'efficience de l'une ou de l'autre des deux méthodes, étant donné qu'ils varient suivant l'indice de similarité. Ainsi, l'indice de similarité des deux XPaths X_1 et X_2 est plus de deux fois plus grand pour StringSim que pour XPathSim selon Jaccard, alors qu'il est plus grand pour XPathSim d'après Dice-Sorensen.

L'efficacité de l'une des méthodes de calcul de l'indice de similarité par rapport à l'autre, n'est pas non plus prouvée. Les tests effectués dans les mêmes conditions qu'en 3.3.3 (Efficacité) pour Jaro-Winkler n'ont pas révélé de grandes différences dans les temps de traitements (Tableau 5/Figure 13). La méthode de calcul XPathSim, qui peut paraître en théorie plus performante puisque le nombre de nœuds dans un XPath est bien inférieur au nombre de caractères dans tout le XPath, nécessite techniquement l'utilisation de listes, ce qui alourdit le traitement.

| | Processing Time (sec) | |
Volume (MB)	StringSim	XPathSim
0,325	2,828	3,128
0,698	3,459	4,159
1,050	4,981	4,981
1,363	5,940	5,840
1,810	6,799	7,166
2,132	7,644	7,344
2,509	8,863	9,163
2,897	9,719	9,719
4,050	12,191	11,991
5,194	13,918	14,618
6,381	16,725	16,525
12,350	31,847	33,147

Tableau 5: StringSim comparé à XpathSim (2)

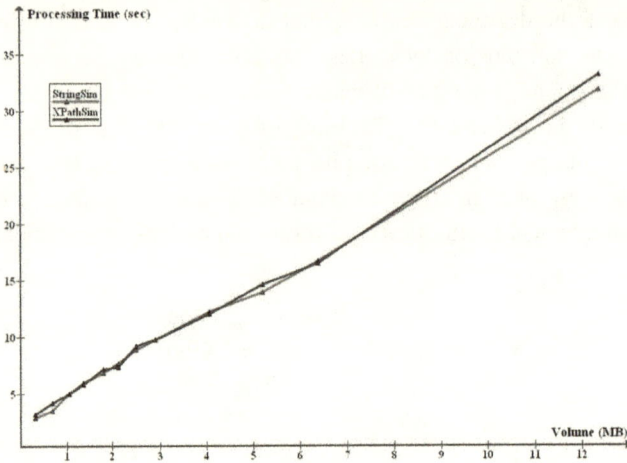

Figure 13: StringSim comparé à XPathSim

3.3.5.2 Application du Principe de localité

Aussi bien les systèmes d'exploitation (Maffeis, 1993) que les SGBD (Oracle Corporation (5), 2013) utilisent des stratégies pour gérer les caches (*buffer*). Ces stratégies se basent en général sur le principe dit de localité, spatiale ou temporelle. Elles utilisent, dans le but d'optimiser les temps de réponses, les instructions ou données situées dans les zones de mémoire proches de celles occupées par des instructions ou données accédées récemment (localité spatiale) ou réutilisent des données ou instructions utilisées dans le passé proche (localité temporelle). Le principe de localité, « ... *considered as a fundamental principle for systems design* » (Denning, 2005), a été adopté dans nombre de domaines:

- SGBD, dans la gestion des caches de requêtes,

- Gestion de la mémoire virtuelle,

- Gestion des caches de données pour les CPU,

- Gestion des zones tampons entre les ordinateurs et les réseaux,

- Navigateurs Web, dans la conservation des pages web récemment consultées,

- Serveurs proxy, aussi dans la conservation des pages web récemment consultées,

- Moteurs de recherche pour trouver rapidement les réponses les plus pertinentes aux requêtes,

- Streaming vidéo.

Les SGBD, par exemple, sauvegardent le texte d'une requête SELECT et le résultat envoyé au client dans un cache. Si une même requête est appelée plus tard, le SGBD retournera le résultat contenu dans le cache plutôt que d'analyser puis exécuter la requête à nouveau.

Le principe de localité est aussi utilisé dans le domaine du Streaming et du Data Mining lors de l'application de techniques de délestage (Load Shedding). Le scenario suivant, illustrant une approche intuitive de ce principe, est donné par (Chi, et al., 2005) dans leur article sur le délestage dans le Data Stream Mining :

Il est assumé dans cet article que deux caméras A et B reliées à un serveur sont installées au bord d'une autoroute et transmettent un flux d'images instantanées à un serveur central (Chi, et al., 2005). Une photo est prise par chaque caméra pendant une certaine unité de temps, mais le serveur n'est capable de traiter qu'une seule photo pendant cette unité de temps. Pour intercepter le plus grand nombre possible d'excès de vitesse, il est supposé dans cet exemple que :

- la probabilité pour qu'une photo de la caméra A (resp. caméra B) contienne, durant une période donnée, une voiture en excès de vitesse est p_A (resp. p_B),

- le serveur central est 100% précis (Il n'est pas fait de capture de faux négatifs ou de faux positifs).

Les deux scénarios suivants sont étudiés :

- Les probabilités p_A et p_B sont inconnues au mécanisme. Un flux est sélectionné de manière aléatoire à chaque unité de temps (la probabilité est de ½ pour chacun des flux). Le nombre de voitures en excès de vitesse prises pendant une unité de temps est :

$$E_1 = \frac{p_A + p_B}{2}$$

- A chaque unité de temps, c'est le flux dont le dernier cliché contient une voiture en excès de vitesse, qui est choisi. Un des deux flux est choisi au hasard, si aucun des deux n'est valable. Le nombre de voitures en excès de vitesse prises pendant une unité de temps, en utilisant un modèle de Markov, est :

$$E_2 = \frac{p_A + p_B - 2p_A p_B}{2 - p_A - p_B}$$

Si p_A et p_B ne sont pas égaux, on remarque que le deuxième scénario est toujours meilleur que le premier, étant donné que:

$$E_2 - E_1 = \frac{(p_A - p_B)^2}{2(2 - p_A - p_B)} \geq 0$$

Dans le deuxième des scénarios, qui s'avère être meilleur que le premier, les résultats du passé sont pris en considération et estimés comme une indication pour une prise de décision quant au futur. La priorité est donnée, sur la base de cette hypothèse, au flux ayant renvoyé une « bonne » photo la fois précédente. Il est bien noté par ailleurs dans l'article (Chi, et al., 2005) que le deuxième scénario ne suppose pas de connaissance préalable de la distribution (p_A et p_B sont inconnues).

Ce sont en particulier des stratégies similaires aux deux stratégies de caching LRU et LFU que nous appliquons pour optimiser les temps d'accès à la MKB durant sa période de remplissage, c'est-à-dire alors que nous n'avons pas encore basculé sur l'algorithme de recherche exacte ZeroOne.

LRU (*Least Recently Used*), la première de ces deux stratégies, part du principe que les données et instructions les plus récemment utilisées sont celles qui seront probablement utilisées de nouveau prochainement (« Here we rely on the locality heuristic that the recent past is a good indicator of the near future, meaning that an object not referenced for a long time will probably not so soon be referenced » (Maffeis, 1993)).

La deuxième des stratégies, LFU (*Least Frequently Used*), priorise quant à elle les données et instructions qui ont été référencées le plus souvent, considérant que ceux sont probablement elles qui seront encore utilisées dans le futur (« LFU relies on the heuristic that an object which got infrequently referenced in the recent past will not so soon be referenced in the near future » (Maffeis, 1993)).

L'application de l'une ou de l'autre de ces stratégies sous-entend une extension de la structure de la table MKB. LRU nécessite l'ajout d'une colonne last_used qui contient un horodatage (*timestamp*) indiquant la date et l'heure à laquelle a eu lieu le dernier accès à chacun des XPaths. LFU requiert quant à elle une colonne supplémentaire number_uses contenant le nombre d'accès total à chacun des XPaths.

Ces deux colonnes sont mises à jour à chaque nouvelle lecture ou insertion dans la MKB.

L'application de LRU et/ou LFU nécessite aussi un tri descendant de la MKB suivant les colonnes last_used et number_uses. L'accès à la MKB durant la période de remplissage étant séquentiel, la recherche d'un XPath, « inséré récemment » ou « souvent utilisé », identique à un XPath du fichier XML est plus rapide si la MKB est triée suivant l'une ou les deux colonnes :

- `last_used` pour LRU

- `number_uses` pour LFU

- `last_used, number_uses` pour LRU et LFU

- `number_uses, last_used` pour LFU et LRU

Ceci se traduit par la création d'un index. La commande de création de l'index pour l'application simultanée de LFU et LRU pour le SGBD Oracle, par exemple, serait la suivante :

```
--- LFU, LRU
CREATE INDEX mkb_idx1
ON mkb(table_name, number_uses DESC, last_used DESC);

--- LRU, LFU
CREATE INDEX mkb_idx2
ON mkb(table_name, last_used DESC, number_uses DESC);
---
--- Remarque : L'option DESC, signifiant DESCENDING doit être précisée
--- car c'est l'option ASC, signifiant ASCENDING, qui est l'option par
--- défaut.
---
```

L'utilisation, par exemple pour le SGBD Oracle, d'une indication de fonctionnement (*hint*) permet de notifier au SGBD qu'un index doit être utilisé même s'il s'agit d'un accès séquentiel. Nous commençons dans le script suivant par créer dans une base de données Oracle, une table MKB. Nous créons ensuite, en plus de la clé primaire, les deux indexes nous permettant d'appliquer les stratégies LFU et LRU.

```
---
--- Création de la MKB
---
CREATE TABLE mkb (
```

```
  mkb_path               VARCHAR2(1000) NOT NULL,
  table_name             VARCHAR2(30),
  column_name            VARCHAR2(30),
  number_uses            NUMBER(9) DEFAULT 0,
  last_used              VARCHAR2(20)
);
---
--- Création de la clé primaire
---
ALTER TABLE mkb ADD CONSTRAINT mkb_pk PRIMARY KEY(table_name,mkb_path);
---
--- Index pour LFU, LRU
---
CREATE INDEX mkb_idx1 ON mkb(table_name,number_uses DESC,last_used DESC);
---
--- Index pour LRU, LFU
---
CREATE INDEX mkb_idx2 ON mkb(table_name,last_used DESC,number_uses DESC);
```

Sur la Figure 14 sont affichés les plans d'exécution de deux requêtes SQL adressées à la table MKB, la deuxième de ces requêtes indiquant au SGBD Oracle qu'un index doit être utilisé. Cette indication est bien prise en considération par le SGBD, étant donné que le plan d'exécution prévoit un « *table access full* » pour la première des requêtes mais un « *table access by index* » pour la deuxième. Il n'est pas donné de hint dans la première requête :

```
SELECT mkb_path, column_name
FROM mkb
WHERE table_name = 'orders';
```

mais il est donné dans la deuxième :

```
SELECT /*+ INDEX_DESC(mkb mkb_idx1) */ mkb_path, column_name
FROM mkb
WHERE table_name = 'orders';
```

Il est possible, avec n'importe quel SGBD, de « forcer » l'utilisation d'un index. La requête ci-dessus, se traduirait en MySQL en la requête suivante :

```
SELECT mkb_path, column_name
FROM mkb
USE INDEX (mkb_idx1)
WHERE table_name = 'orders';
```

La clause USE INDEX indique au SGBD que l'index doit être utilisé.

70

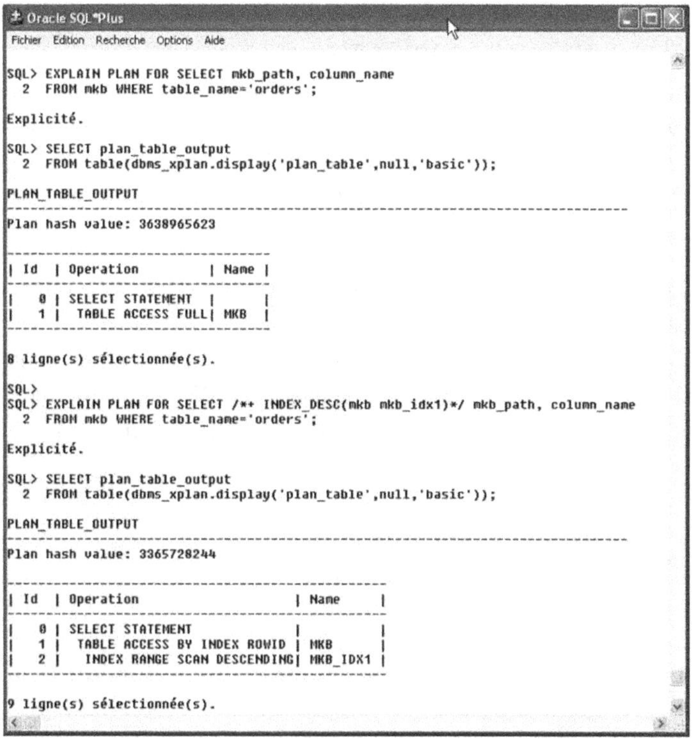

Figure 14: Plan d'exécution de requêtes SQL

3.3.5.3 Homonymes et Synonymes

Dans un XPath sont contenues deux informations : le nom d'un nœud et le chemin menant de la racine au nœud. Le Matcher utilisé est de ce fait un Matcher hybride. Il applique des critères de matching qui mènent à une décision de matching commune (cf. 2.4.4 Différentes approches de Schema Matching automatique) et le résultat est plus fiable car plusieurs informations sont utilisées. En particulier les homonymes (mots ayant le même signifiant mais des signifiés différents), qui peuvent être source d'erreur, sont « explicités » par leurs chemins.

Supposons, à titre d'exemple, que nous ayons à traiter des données XML relatifs à des étudiants, pouvant en outre disposer de véhicules. Le *matricule* d'un étudiant est un homonyme du *matricule* d'un véhicule, mais le XPath correspondant au premier serait   /etudiant/matricule   alors   que   celui   du   second   serait   plutôt /etudiant/vehicule/matricule.

Il est possible par ailleurs d'utiliser lors des opérations de matching des sources d'informations externes (cf. 2.4.4 Différentes approches de Schema Matching automatique), par exemple un thesaurus, un dictionnaire de langues, un dictionnaire d'abréviations, ou un dictionnaire de synonymes (mots de signifiants différents, présentant une similarité sémantique). Cette tâche supplémentaire de recherche de sens, de synonymes, ou de traductions n'est pas sans impact sur les temps de matching.

Dans le cas de l'utilisation d'un dictionnaire de synonymes tel que Wordnet (The Global WordNet Association, 2014), un synonyme est recherché pour chacun des noms des nœuds de l'XPath extrait à partir du fichier XML. L'indice de similarité avec les XPaths de la MKB, est évalué, non plus pour l'XPath tel qu'il a été extrait à partir du fichier XML, mais contenant le ou les synonymes (Figure 15).

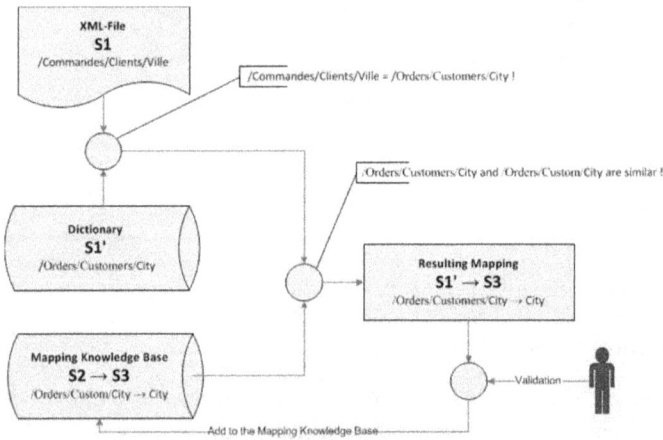

XML-File
S1
/Commandes/Clients/Ville

/Commandes/Clients/Ville = /Orders/Customers/City !

/Orders/Customers/City and /Orders/Custom/City are similar !

Dictionary
S1'
/Orders/Customers/City

Resulting Mapping
S1' → S3
/Orders/Customers/City → City

Mapping Knowledge Base
S2 → S3
/Orders/Custom/City → City

Validation

Add to the Mapping Knowledge Base

Figure 15: Utilisation d'un thesaurus (1)

Soit un XPath $/e_1/e_2/e_3/.../e_i/.../e_n$ et soit, pour chaque e_i, un nombre de synonymes . Le nombre de Xpaths obtenu à partir de l'Xpath $/e_1/e_2/e_3/.../e_i/.../e_n$, en utilisant pour chacun des e_i tous ses synonymes est : .

Dans le pseudo-code suivant, nous avons ajouté à l'algorithme Allscan (cf. 3.2.3 Description de l'algorithme ZeroOne) l'utilisation d'un dictionnaire de synonymes. Dans le but de tester cette version de l'algorithme Allscan, une table de deux colonnes a été créée à partir d'un dictionnaire français de synonymes proposé sur le web sous forme de fichier texte (Webkeysoft, 2008), la première des colonnes contenant des mots et la deuxième des synonymes des mots, chacun des mots de la première colonne pouvant avoir plusieurs synonymes. La table a été indexée suivant la première colonne.

```
// FP[i] are the XPaths extracted from the XML-file (i=1,n)
// MP[j] are the XPaths contained in the Mapping Knowledge Base (j=1,m)
// MCol[j] are the columns of the target table mapped to the MP[j]
// We search for FCol[i], the columns of the target table to map to FP[i]
//
dictionary = TRUE;
FOR i=1,n {
  // Loop on XML-file
  maxSim = 0;
  FOR j=1,m {
    // Loop on MKB
    CALCULATE s = sim(FP[i],MP[j]);
    IF (s > maxSim) {
      maxSim = s;
      sim[i] = maxSim;
      FCol[i]= MCol[j];
      IF (sim[i]=1) EXIT LOOP ON MKB;
    }
    IF (dictionary) {
      FOR k=1,l[i] {
        // Loop on synonyms
        // l[i] is the number of FP'[i,k]
        // FP'[i,k] are the synonyms of FP[i]
        CALCULATE s = sim(FP'[i,k],MP[j]);
        IF (s > maxSim) {
          maxSim = s;
          sim[i] = maxSim;
          FCol[i]= MCol[j];
          IF (sim[i]=1) EXIT LOOP ON MKB;
        }
      }
    }
  }
}
```

Les tests effectués dans les mêmes conditions que 3.3.3 (Efficacité) pour Cosine, mais utilisant la table des synonymes, prouvent comme attendu que cette utilisation demande d'autant plus de temps que la MKB est volumineuse (Tableau 6/Figure 16).

Le résultat, qui aurait été similaire avec l'utilisation de Wordnet ou de tout autre dictionnaire, est à expliquer par le fait que le calcul de l'indice similarité entre un XPath extrait à partir du fichier XML et un XPath contenu dans la MKB, qui n'a lieu qu'une seule fois sans utilisation de dictionnaire de synonymes, a lieu l_i fois quand un dictionnaire de synonymes est utilisé.

	Processing Time (sec)	
Volume (MB)	**Cosine**	**Cosine using a thesaurus**
0,325	5,875	6,300
0,698	7,500	10,764
1,050	8,672	16,014
1,363	9,531	17,224
1,810	11,094	23,601
2,132	12,140	28,639
2,509	12,938	29,831
2,897	13,828	35,062
4,050	17,203	51,251
5,194	19,000	61,596
6,381	23,016	66,806
12,350	36,375	107,879

Tableau 6: Utilisation d'un thesaurus

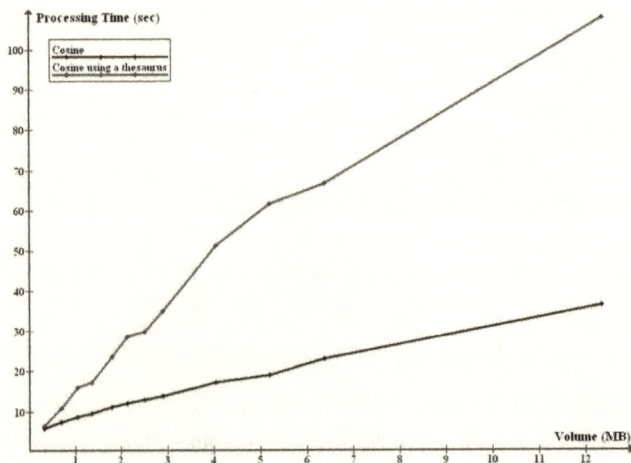

Figure 16: Utilisation d'un thesaurus (2)

3.3.6 CONCLUSION

Nous avons utilisé pour mesurer l'efficience de notre stratégie les outils du domaine de l'Information Retrieval F-Mesure, Rappel et Précision. La Précision étant constante du fait des paramètres choisis pour la simulation de la variation du volume d'une MKB, le Rappel et la F-Mesure, par contre, « accompagnent » l'évolution du volume de la MKB. L'efficience d'un matching basé sur une MKB est donc optimale à partir du moment où le volume de la MKB s'est stabilisé.

L'efficacité d'une recherche exacte (algorithme ZeroOne) est par ailleurs prouvée du fait que l'accès à la MKB n'est pas séquentiel mais qu'il a lieu à travers un index.

Nous avons déterminé à partir de quand l'utilisateur peut opter pour l'algorithme ZeroOne et basculer vers un chargement automatique des fichiers XML dans la base de données. La période de remplissage de la MKB pouvant être plus ou moins longue, suivant l'hétérogénéité des fichiers XML à charger dans la base de données, nous préconisons l'application durant cette période du principe dit « de localité ». L'utilisation, durant cette période, d'un dictionnaire des synonymes demande d'autant plus de temps que la MKB est volumineuse.

3.4 CONCLUSION DU CHAPITRE

Une MKB est une table qui contient l'historique des mappings. Elle contient au moins deux colonnes : la première des colonnes contient des XPaths alors que le deuxième de ces colonnes contient des noms de colonnes d'une table de la base de données cible. Ce principe, qui consiste à réutiliser des mappings établis lors de traitements précédents est valable pour tout type de mapping : Relationnel-Relationnel, XML-XML, XML-Relationnel, Relationnel-XML, etc. Il s'agit dans notre cas d'un mapping XML-Relationnel. Nous obtenons ce mapping par transitivité, c'est-à-dire suite à un matching XML-XML entre les XPaths contenus dans les fichiers XML et ceux contenus dans la MKB. L'opération de transitivité produit un mapping XML-Relationnel associant aux XPaths contenus dans le fichier XML des noms de colonnes de la table de la base de données cible.

Le volume d'une MKB peut devenir important au fil du temps. C'est ce qui nous a amenés à proposer une stratégie, qui consiste à utiliser dans un premier temps une recherche dans la MKB séquentielle d'XPaths identiques ou similaire après un certain temps une recherche exacte. En effet, nous distinguons dans la durée de vie d'une MKB d'abord une période de remplissage puis, le volume ayant atteint son maximum, une période stable. Alors que durant la deuxième période, peut être appliquée dans la MKB une recherche exacte d'XPaths identiques à ceux contenus dans le fichier XML à charger, une stratégie basée sur le principe de localité peut être appliquée durant la première période. Cette première période peut être plus ou moins longue, suivant l'hétérogénéité des fichiers XML.

Nous avons démontré dans ce chapitre que l'efficience d'un matching basé sur une MKB est optimale à partir du moment où le volume de la MKB s'est stabilisé. L'efficacité d'une recherche exacte (algorithme ZeroOne) est prouvée du fait que l'accès à la MKB n'est pas séquentiel mais qu'il a lieu à travers un index.

L'utilisateur peut opter pour l'algorithme ZeroOne et basculer vers un chargement automatique des fichiers XML dans la base de données, à partir du moment où le volume de la MKB s'est stabilisé. Ce point est déterminé statistiquement.

La période de remplissage de la MKB peut s'avérer de longue durée si les fichiers XML à charger dans la base de données sont très hétérogènes. Il est recommandé d'appliquer, dans l'utilisation d'une MKB durant cette période, le principe de localité. L'utilisation, durant cette même période, d'un dictionnaire des synonymes demande d'autant plus de temps que la MKB est volumineuse.

4 MISE EN ŒUVRE: LE PROTOTYPE NAXOS

4.1 INTRODUCTION AU CHAPITRE

Nous commencerons par présenter dans ce chapitre le prototype développé dans le cadre de nos recherches. Ce prototype est une mise en œuvre des résultats de nos recherches. Son développement nous permet de prouver d'une part, la faisabilité d'un chargement (semi-)automatique de données, d'autre part, l'efficacité de la stratégie et de l'algorithme ZeroOne exposés dans le chapitre précédent.

Nous décrivons dans ce chapitre l'architecture globale du prototype et indiquons comment le processus de traitement peut être entièrement automatisé. Ce chapitre permet par ailleurs de découvrir l'aspect « outil d'intégration de données » du prototype, et comment il peut être situé dans un contexte de datawarehousing.

Les aspects techniques du prototype, ceux liés à Java, le langage en lequel il a été développé, et à SQL, le langage utilisé pour la manipulation des données dans différentes bases de données (référentiel, tables transitoires, base de données cible) sont listés dans ce même chapitre.

4.2 ARCHITECTURE ET FONCTIONNALITES DU PROTOTYPE NAXOS

4.2.1 INTRODUCTION

Pour pouvoir vérifier la faisabilité d'un chargement (semi-)automatique efficace et efficient des données XML dans une base de données relationnelle et tester l'efficacité des méthodes de calcul des indices de similarité, nous avons développé un prototype que nous avons baptisé *Naxos* (*NAtive XML Oriented Schema matching*). Ce nom est aussi celui d'une île des Cyclades. Le prototype Naxos (Figure 17) a été développé en un langage de programmation portant le nom d'une autre île : Java (Kahloula, 2013).

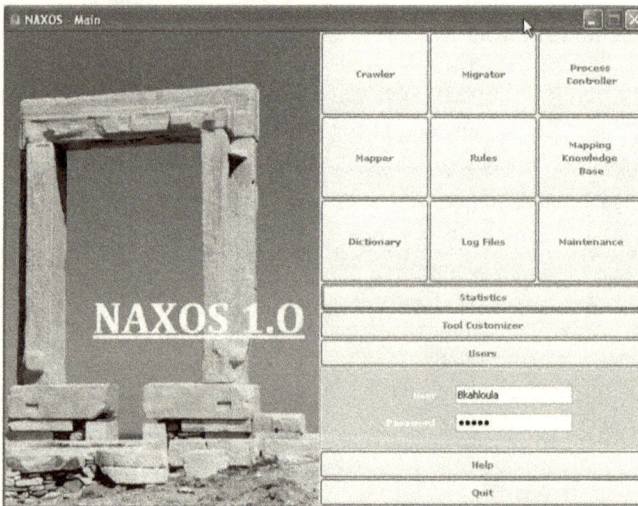

Figure 17: Menu principal du prototype Naxos

La Figure 18 situe le prototype Naxos dans un processus global d'intégration de données. Des données sont extraites à partir du web, de bases de données sources ou de documents. Après avoir été éventuellement migrées vers un format XML elles sont stockées dans des fichiers qui seront traités par le système Naxos. Les données contenues dans les fichiers XML sont chargées dans la base de données relationnelle cible. Naxos est constitué de plusieurs modules et d'un référentiel (*repository*).

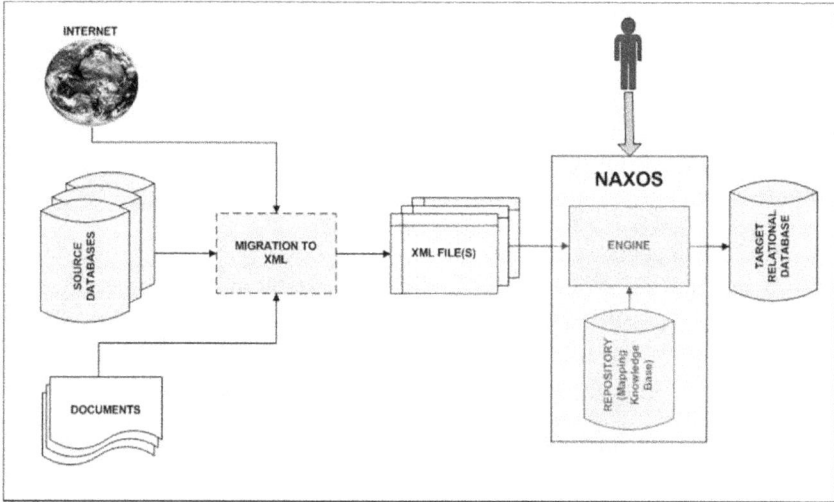

Figure 18: Naxos dans un processus global d'intégration de données

4.2.2 PROCESSUS DE TRAITEMENT

Tel que nous pouvons le voir sur la Figure 19, le processus de traitement d'un fichier XML par le prototype Naxos (Kahloula, et al., 2013) démarre après extraction de données à partir du web, de bases de données ou de documents et leur stockage dans un fichier XML. Il se déroule suivant les étapes suivantes (La numérotation des étapes correspond à celle de la Figure 19):

Etape 1 : Le premier module, appelé Matcher, commence par lire le fichier XML.

Etape 2a : Il procède à l'extraction des XPaths à partir de ce fichier et les stocke dans une table que nous appellerons Mapping Table. Un XPath est ici le chemin à parcourir le long de l'arborescence pour atteindre chacune des instances contenues dans le fichier.

Exemple: /Article/JournalIssue/pubDate/Year.

Cette appellation ne doit pas être confondue avec celle du langage XPath (cf. 2.3.1 Langages de requêtes).

La Mapping Table contient deux colonnes. Elle représente la relation entre les XPaths contenus dans le fichier XML et les noms de colonne d'une table transitoire.

Exemple: /Article/JournalIssue/pubDate/Year →Year.

Les tables transitoires sont appelées de cette manière car elles servent de « transit » aux enregistrements devant être chargés dans la base de données relationnelle cible. Leurs structures sont statiques et définies par l'utilisateur, celui-ci étant dans ce cas-là un administrateur de bases de données ou, tel qu'appelé dans la littérature relative au domaine du datawarehousing (Bauer, et al., 2013), le team ETL. Les tables transitoires sont nommées dans cette même littérature « staging area ».

Etape 2b : La deuxième colonne est renseignée si le Mapper a trouvé dans la MKB un XPath similaire ou identique. La MKB est une table du référentiel, ayant une structure similaire à celle de la Mapping Table. La MKB contient tout l'historique des mappings saisis ou validés par l'utilisateur lors de traitements précédents. Un XPath identique à celui donné comme exemple ci-dessus serait :

/Article/JournalIssue/pubDate/Year

alors qu'un XPath similaire pourrait, par exemple, être :

/Article/Journal/Date/Year.

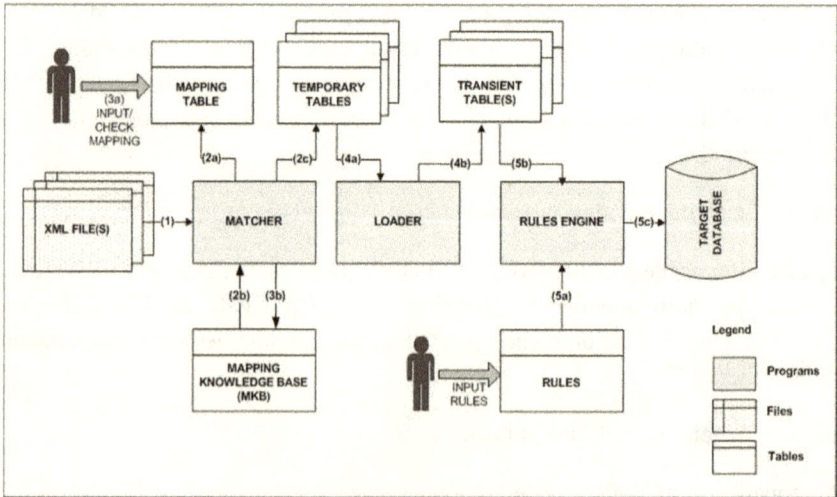

Figure 19: Processus de traitement

Etape 2c : Les informations contenues dans le fichier XML, XPaths aussi bien qu'instances, sont chargées pour des raisons purement techniques dans une table temporaire. Cette opération permet de procéder à des opérations d'indexation et de tri. La table temporaire est, contrairement aux tables transitoires, une table du référentiel. Elle est partie intégrante du prototype Naxos.

Etape 3a : Le mapping, c'est-à-dire les correspondances entre les XPaths et les noms de colonnes de la table transitoire, est validé ou saisi par l'utilisateur. Une interface graphique est mise à sa disposition dans ce but (Figure 20).

Etape 3b : Le mapping, saisi ou validé par l'utilisateur, est enregistré dans la MKB.

Etape 4a : Un deuxième module, appelé Loader, parcours les données contenues dans la table temporaire.

Etape 4b : Les données contenues dans la table temporaire son chargées par le Loader dans les tables transitoires en fonction du mapping contenu dans la Mapping Table.

Etape 5a : Un troisième module, la Rules Engine, accède aux Rules. Les Rules sont des commandes SQL stockées sous forme de texte dans une table du référentiel.

Etape 5b : La Rules Engine lit les enregistrements de la table transitoire.

Etape 5c : La Rules Engine répartit, sur la base des Rules, les enregistrements des tables transitoires sur les différentes tables de la base de données relationnelle cible.

Le processus prend fin avec cette dernière étape, les données contenues dans le fichier XML ayant été chargées dans la base de données cible.

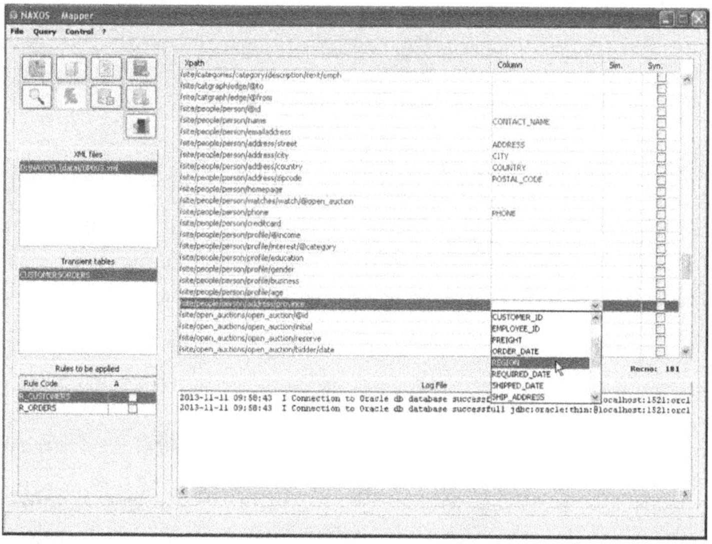

Figure 20: Mapper

4.2.3 ARCHITECTURE GLOBALE

Le processus de chargement de données XML dans une base de données relationnelle, tel que nous venons de le décrire, est contrôlé par plusieurs modules. Mais le prototype Naxos contient en outre des programmes qui ne sont qu'indirectement impliqués dans le processus. Un recensement des différents modules qui le constituent nous permet d'en reproduire la liste :

- Le Matcher, dont le rôle est d'extraire les XPaths à partir des fichiers XML et de chercher dans la MKB des XPaths similaires. La similarité est calculée suivant un indice (cf. 2.5 Similarité de chaînes de caractères). Le Matcher peut éventuellement accéder à un thésaurus.

- Le Loader qui, en fonction du mapping saisi ou validé par l'utilisateur, charge les données contenues dans les fichiers XML dans les tables que nous avons appelées transitoires.

- La Rules Engine qui lit les Rules contenues sous forme de commandes SQL dans une table du référentiel, et les applique aux enregistrements contenus dans les tables transitoires. Les enregistrements sont répartis sur les tables de la base de données relationnelle cible.

- L'Archiver qui, comme son nom l'indique, archivera les fichiers XML aussitôt que le processus de chargement des données contenues dans les fichiers XML dans la base de données relationnelle cible est achevé.

Une interface graphique (Figure 17) permet :

- D'entrer ou de valider les mappings (Figure 20),

- De saisir, dans une table du référentiel, les Rules qui doivent être appliquées par le Loader aux tables transitoires, dans le but de répartir les données qu'elles contiennent sur différentes tables de la base de données relationnelle cible (Figure 29),

- De consulter la MKB et d'y effectuer des recherches,

- De consulter les thesaurus externes éventuels et d'y effectuer des recherches,

- De lancer des calculs statistiques, dont le résultat permettra éventuellement de basculer vers un chargement automatique des données XML dans la base de données cible (Figure 21),

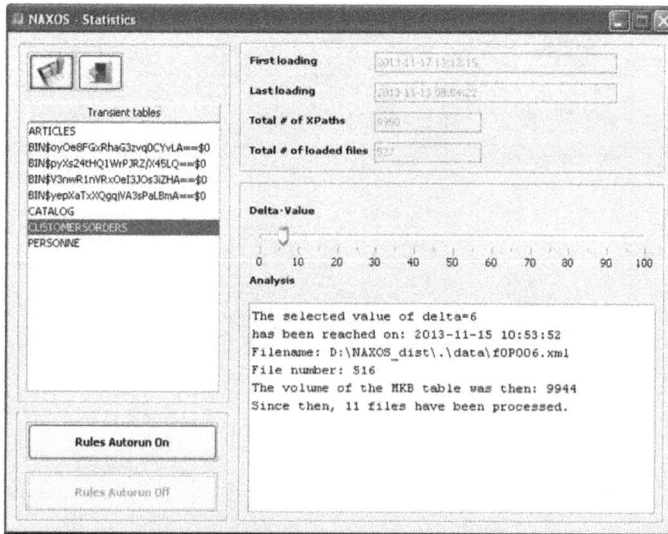

Figure 21: Naxos – Statistiques

- De gérer les utilisateurs,

- De consulter les fichiers log.

Un contrôleur de processus (Figure 22) scanne en permanence le répertoire prévu pour les fichiers XML à charger dans la base de données cible. Il démarre le traitement aussitôt que la présence d'un fichier XML est détectée dans ce répertoire. Le contrôle de processus affiche dans sa fenêtre toutes les étapes par lesquelles passe l'opération de chargement des données XML ainsi que les éventuelles erreurs.

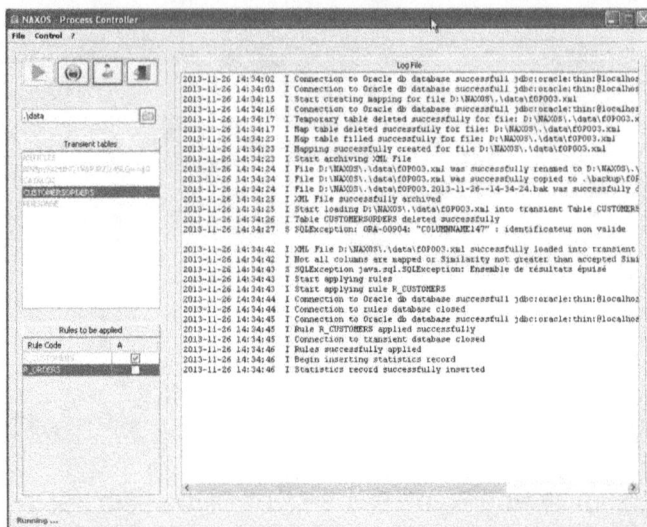

Figure 22: Process Controller

Pour faire de Naxos un outil d'intégration de données, il a aussi été prévu :

- Un Crawler en mesure de télécharger des fichiers XML à partir du web (Figure 23),

- Un outil de migrations de données relationnelles vers XML, capable d'extraire des données à partir d'une base de données relationnelle et de les migrer vers un fichier XML (Figure 24).

Ces deux modules produisent des fichiers XML et ne sont nullement impliqués dans le chargement des données, par rapport auquel ils se situent en amont. Ils sont un enrichissement du prototype, qui dispose de la sorte d'une option d'intégration de données.

Le référentiel accompagnant le prototype Naxos contient :

- La Mapping Knowledge Base, qui contient l'historique de tous les mappings établis lors de traitements précédents,

- La table contenant les Rules, commandes SQL stockées sous forme de texte dans la table,

- La Mapping Table, qui est la table contenant les mappings qui ont été saisis ou validés par l'utilisateur,

- Les thesaurus éventuels,

- Une table de travail temporaire à la structure statique, prévue dans un but purement technique.

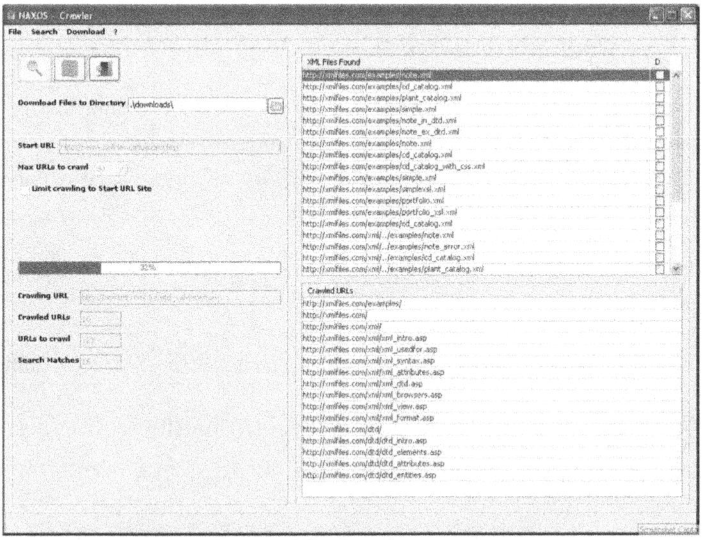

Figure 23: Crawler

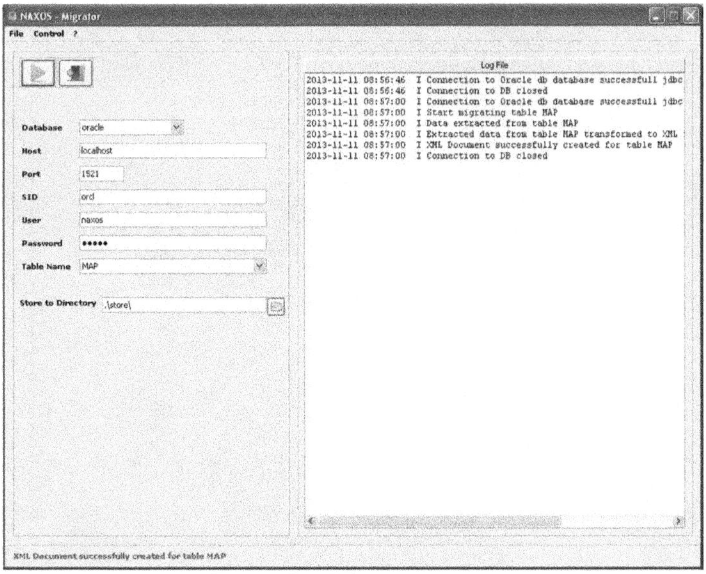

Figure 24: Migrator

4.2.4 Automatisation du traitement

Le prototype Naxos est paramétrable (Figure 25). Les paramètres suivants peuvent être indiqués :

- L'indice de similarité à utiliser: Jaccard, Cosine, Jaro-Winkler, Dice-Sørensen ou ZeroOne (recherche exacte),

- La valeur-seuil (*threshold value*) de l'indice de similarité, produit par le schema matching automatique. Par valeur-seuil nous entendons la valeur acceptée par l'utilisateur, au-delà de laquelle les XPaths sont considérés comme similaires,

- La stratégie LFU/LRU ou LRU/LFU à appliquer éventuellement pour accéder à la MKB,

- La méthode de calcul de l'indice de similarité: StringSim ou XPathSim,

- Le thésaurus éventuel pour la recherche de synonymes,

- Le mode d'exécution des Rules : autorun ou manuel.

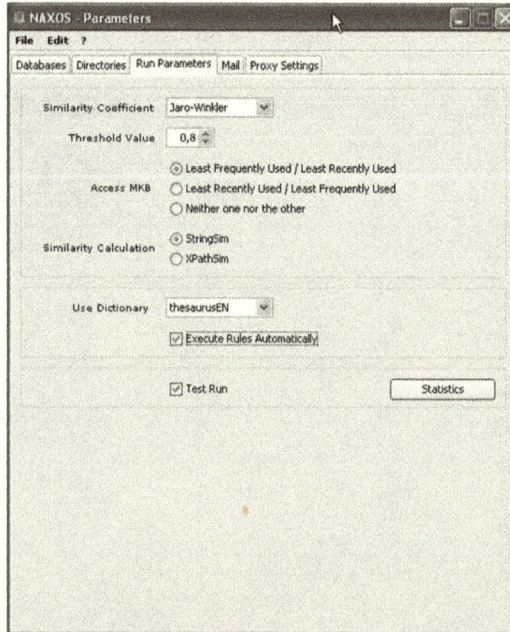

Figure 25: Paramétrage du prototype Naxos (1)

Parmi ces paramètres, la valeur-seuil de l'indice de similarité et le mode d'exécution des Rules sont ceux qui interviennent dans l'automatisation de tout le processus de chargement des fichiers XML dans la base de données cible.

En effet, un fichier XML peut être chargé de manière entièrement automatique (Figure 26) à deux conditions:

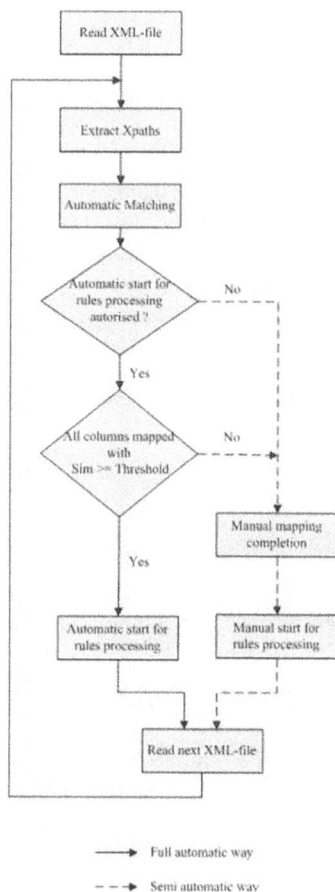

Figure 26: Traitement automatique et semi-automatique

1) Si le matching, basé sur les mappings contenus dans la MKB, a donné lieu à un mapping de toutes les colonnes de la table transitoire sans exception et si l'indice de similarité calculé a toujours été inférieur ou égal à la valeur-seuil,

2) Si l'exécution automatique des Rules est autorisée par l'utilisateur.

L'utilisateur doit compléter et/ou valider le mapping établi automatiquement puis lancer l'exécution des Rules manuellement si la première des conditions n'est pas remplie.

4.2.5 NAXOS DANS UN CONTEXTE DE DATAWAREHOUSING

Il est prévu dans le datawarehousing trois étapes :

- L'extraction des données à partir des sources de données
- La transformation des données vers le format requis par la solution mise en place
- Le chargement des données dans le datawarehouse

Ces trois étapes peuvent avoir lieu, suivant l'architecture mise en place, dans l'ordre ETL (*Extract, Tranform, Load*) ou ELT (*Extract, Load, Tranform*), la différence étant que la transformation a lieu, dans le premier cas, dans une « staging area » (ou « staging database ») installée sur un serveur dédié (Davenport, 2008) alors qu'elle est intégrée dans le deuxième cas au datawarehouse (Figure 27).

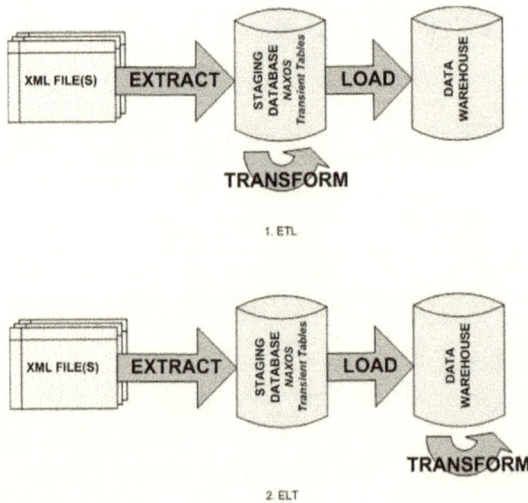

Figure 27: ETL et ELT

Tel que nous l'avons décrit précédemment (cf. 3.2.2 Mapping Knowledge Base), le matching a lieu entre les éléments d'un premier schéma, qui est le schéma du fichier XML à charger dans la base de données cible, et ceux d'un deuxième schéma, qui est celui de la MKB. Ce matching donne lieu à un mapping, obtenu par transitivité, entre les éléments du premier schéma et ceux d'un troisième schéma, qui est celui d'une ou plusieurs tables, que nous avons appelées tables transitoires.

L'opération d'extraction est prise en charge, dans le prototype que nous avons développé, par le Loader. Les données sont extraites par le Loader à partir des fichiers XML et chargées, sur la base du mapping établi, dans les tables transitoires. Les tables transitoires représentent dans le domaine du datawarehousing, la staging database ou staging area. Les tables transitoires peuvent se trouver aussi bien sur un serveur dédié (ETL) que sur le serveur contenant le datawarehouse (ELT). Nous avons prévu dans Naxos un lien paramétrable vers ces tables (Figure 28).

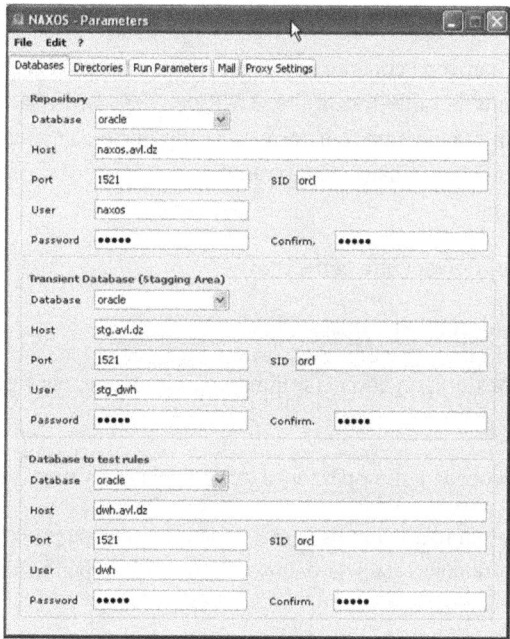

Figure 28: Paramétrage du prototype Naxos (2)

La transformation des données ainsi que le chargement de données vers la base de données cible sont prises en charge par la Rules Engine. Celle-ci se charge d'exécuter des commandes SQL, stockées sous forme de textes dans une table. Toute commande SQL est permise, à condition de répondre à la syntaxe des bases de données installées. Les commandes SQL interviennent dans le processus de transformation par exemple :

- En créant des substituts dans le traitement des clés primaires. « Le traitement des clés est une tâche importante. Des clés peuvent, lors du transfert de données à partir de plusieurs sources de données vers un datawarehouse, ne pas être prises en charge, étant donné qu'elles doivent être uniques. Dans le cadre des transformations, des substituts aux clés sources sont créées artificiellement » (Bauer, et al., 2013).

- En adaptant le format de données :

  Une donnée de type caractères de la table transitoire doit être transformée en une donnée de type date avant de pouvoir être stockée dans une colonne de type date dans base de données cible,

  Les chiffres peuvent contenir un point ou une virgule comme séparateur de décimales dans la table transitoire. La Rule, c'est-à-dire la commande SQL à exécuter, doit prévoir une transformation appropriée de la chaîne de caractères avant son stockage dans une colonne de type décimal d'une table du datawarehouse.

- Des monnaies doivent être converties

- Des mesures doivent être mises à l'échelle

- Des opérations d'agrégations (sommation, comptage, etc.) peuvent aussi avoir lieu

- Il peut être procédé à des opérations statistiques (moyenne, variance, etc.).

La Rules Engine est en même temps le composant Loader du processus ETL ou ELT. Le chargement des données dans le datawarehouse a lieu par le biais de commandes SQL de la forme :

```
INSERT INTO table_cible(…)  AS SELECT … FROM table_transitoire WHERE …
```

ou

```
UPDATE table_cible  SET … = (SELECT … FROM table_transitoire WHERE …)
```

Il est recommandé qu'« en cas de modification ou d'extension des données sources, il ne doit pas être nécessaire de modifier les programmes d'interface, mais simplement d'adapter les Meta-data » (Mucksch, et al., 2000). Cette recommandation a été prise en charge lors de la conception du prototype Naxos, puisque qu'un changement de structure des données sources n'entraîne en aucun cas une modification des programmes. La Rules Engine se limite à « lire » les commandes SQL et à les exécuter. Les commandes SQL représentant les Rules doivent tenir compte quant à elles des modifications de structure.

Les structures des tables transitoires sont définies par un team ETL : « the data-staging area must be owned by the ETL-Team » (Kimball, et al., 2004). Les utilisateurs du datawarehouse ne sont pas autorisés à accéder à ces tables. Seul le processus ETL ou ELT, c'est-à-dire le Loader et la Rules Engine dans le cas de Naxos, a le droit de lire/écrire à partir/dans ces tables.

Le trafic de données peut être important, en particulier dans une configuration ETL, dans laquelle la staging area (tables transitoires) est installée sur un serveur dédié. Cet aspect ne doit pas être négligé. « Whenever you have to move data accross wires, the process is vulnerable to bootlenecking and performance degradation » (Kimball, et al., 2004). Il est recommandé: « Depending on your infrastructure, it sometimes makes sense to run the ETL engine on the Data warehouse server to eliminate network traffic » (Kimball, et al., 2004). Le prototype Naxos ainsi que le répertoire contenant les fichiers XML à traiter, scanné en permanence par le prototype, doivent autant que possible être prévus sur le même serveur que le datawarehouse.

Dans Naxos, la Rules Engine n'atteint les tables de destination finale qu'à travers la staging area (Figure 28). Des liens (*database links*) ou éventuellement des synonymes (*synonyms*) doivent donc être créés par l'administrateur de bases de données dans la staging area dans le cas où celle-ci ne réside pas sur le même serveur que le datawarehouse.

4.2.6 CONCLUSION

Le prototype Naxos permet de charger de manière automatique ou semi-automatique des fichiers XML dans une base de données relationnelle cible. Celle-ci peut être un datawarehouse étant donné que le prototype peut s'adapter aussi bien à un processus ETL qu'à un processus ELT. Un module de crawling et un autre de migration lui ont été intégrés pour en faire un système d'intégration de données.

Le prototype se base, pour automatiser le schema matching, sur une MKB. L'indice de similarité peut être introduit comme paramètre. Il est possible en particulier de basculer sur une recherche exacte (algorithme ZeroOne) à partir du moment où le volume de la MKB a atteint son maximum et demeure stable. Une aide à la décision quant au moment du basculement vers cet algorithme est prodiguée à l'utilisateur à travers des statistiques générées par le prototype. Le schema matching étant générique, Naxos peut être utilisé dans toute branche: e-Commerce, industrie, banking, domaine médical, etc.

4.3 ASPECTS TECHNIQUES

4.3.1 INTRODUCTION

Le prototype Naxos est entièrement développé en Java. Le référentiel de cette première version doit être installé sur une base de données Oracle ou MySQL. Les tables transitoires ainsi que la base de données cible peuvent être de n'importe quel fournisseur de SGBD, étant donné que les requêtes SQL pour la lecture et l'exécution des Rules, codées en dur (*hardcoded*) à l'intérieur des programmes, sont strictement conformes au SQL-Standard ANSI (SQL'92) (Date, et al., 1997).

4.3.2 SQL

Nous avons utilisé la norme SQL la plus ancienne (minimale) dans un souci de portabilité du prototype : « if portability is important, then it is clearly an advantage to use only the standard SQL-92 commands. » (Hirondelle-Systems, 2013). Ainsi par exemple, la table transitoire est effacée par le Loader de la manière suivante:

```
DELETE FROM <table_name>;
```

La Rules Engine lit les Rules à exécuter avec une commande SQL SELECT simple :

```
SELECT rule_code, rule_text, alternative_rule, if_rulefailure,
if_alternativefailure, error_level,active_status
FROM rules
WHERE rule_code= '<rule_code>'
```

Plusieurs options sont possibles si l'exécution d'une Rule échoue :

- Commit : Les enregistrements insérés ou mis à jour dans les tables cibles jusqu'au moment de l'apparition de l'erreur sont maintenus dans les tables en l'état,

- Rollback : Les enregistrements ne sont pas insérés ou mis à jour dans les tables cibles, même pas ceux prévus pour être insérés ou mis à jour avant l'apparition de l'erreur,

- Exécution d'une Rule alternative, elle-même stockée comme texte dans la table des Rules. L'échec de l'exécution de la Rule alternative donne lieu elle aussi à un Commit ou à un Rollback.

L'ensemble de ces options sont prévues dans l'écran de saisie des Rules (Figure 29).

Les Rules peuvent avoir la forme d'une commande SQL ou d'une procédure stockée. Leur syntaxe peut être testée sur une base de données test que les administrateurs auront prévue à cet effet.

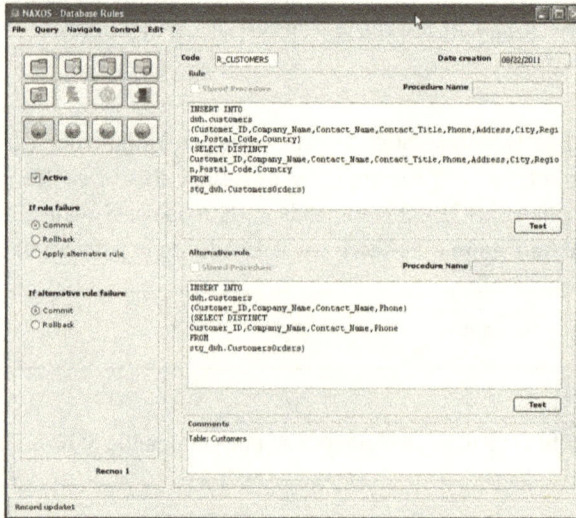

Figure 29: Ecran de saisie des Rules

4.3.3 JAVA

StAX

Le fichier de données en entrée est un fichier ASCII au format XML. Le Loader de Naxos génère à partir de ce fichier des XPaths. Ceux-ci décrivent les chemins, partant de la racine du document, aux instances (données). Nous utilisons pour la génération des XPaths une interface de Java : StAX (*Streaming API for XML*).

StAX est une des interfaces de JAXP (*Java API for XML Processing*). JAXP est un ensemble standardisé d'interfaces pour la validation, le parsing, la génération et la transformation de documents XML. Les trois interfaces de base de JAXP sont : DOM (*Document Object Model*), SAX (*Simple API for XML*) et StAX. JAXP existe depuis la version J2SE 1.4 de Java. Mais StAX ne lui a été rajoutée que depuis la version Java SE 6 (2005).

StAX est une alternative à SAX et DOM. DOM crée en mémoire des objets représentants des arborescences, à l'intérieur desquelles il devient possible de naviguer aisément. L'inconvénient de cette technique est sa consommation importante de ressources (mémoire et temps CPU). Tout comme SAX, StAX lit les fichiers XML de manière séquentielle, ce qui permet de traiter des fichiers XML de grands volumes. Mais alors que SAX fait appel à des fonctions callback encapsulées (*Push-Parsing*), StAX fait appel au Parser de manière itérative (*Pull-Parsing*). L'utilisation de StAX nous permet donc, en construisant des boucles simples, de contrôler les enchaînements du programme. Ceci n'aurait pas été le cas si nous avions utilisé l'interface SAX.

JDBC

Pour accéder à partir des programmes aux bases de données contenant le référentiel, les tables transitoires ou les tables cibles, nous utilisons l'interface standard de Java, JDBC. JDBC fait partie du standard Java depuis la version JDK 1.1 de ce dernier (1997). Les classes JDBC font partie des packages standard java.sql et javax.sql. Nous avons téléchargé les pilotes (*driver*) spécifiques aux bases de données Oracle (Oracle Corporation (4), 2013) et MySQL (Oracle Corporation (3), 2013) depuis les sites du constructeur des SGBD.

JDBC nous a permis de nous connecter aux bases de données, d'exécuter les requêtes SQL sur les bases de données (sélection, insertion, mise à jour, suppression) et de récupérer les résultats éventuels des requêtes sous une forme utilisable par les programmes.

Calcul des indices de similarité pour StringSim et XPathSim

Les classes Java pour le calcul des indices de similarité selon Jaccard, Jaro-Winkler, Cosine et Dice-Sørensen ont été téléchargées à partir du web (Clayton, 2013). Nous avons utilisé ces classes en l'état pour le calcul de l'indice de similarité des XPaths quand nous considérons ceux-ci comme chaînes de caractères (StringSim), mais nous avons adapté ces classes au calcul de l'indice de similarité des XPaths quand nous traitons ces derniers comme listes de nœuds (XPathSim) (cf. 3.3.5 Période de remplissage de la MKB).

Nous avons utilisé dans ce but des listes chaînées (*LinkedList*). L'avantage des listes chaînées par rapport aux tableaux (*array*) est qu'il n'est pas nécessaire de connaître l'étendue du tableau au préalable. Sa capacité augmente automatiquement au fur et à mesure que lui sont rajoutés des éléments. L'avantage des listes chaînées par rapport aux tableaux redimensionnables (*ArrayList*) est qu'elles sont plus performantes. La méthode add des tableaux redimensionnables, basés sur des tableaux, en ajoutant un élément à la liste, procède sur le plan interne à l'extension du tableau et à sa réorganisation. La liste chaînée, quant à elle, n'utilise pas de tableaux sur le plan interne, mais se présente plutôt sous forme d'une collection de nœuds (Kahloula, 2013).

Process Controller (Threads)

Le prototype Naxos a été conçu pour pouvoir être exécuté sur une machine et continuer de fonctionner en arrière-plan sans interruption sauf s'il est arrêté intentionnellement par l'utilisateur. Son Process Controller (cf. 4.2.3 Architecture globale) scrute en permanence le répertoire (scan directory) dans lequel viendront « atterrir » les fichiers XML contenants les données à charger dans la base de données cible. Le nom du répertoire contenant les fichiers XML est un paramètre à configurer par l'utilisateur (Figure 30). A condition que les critères énoncées en 4.2.4 (Automatisation du traitement) soient vérifiés, le chargement des données XML dans la base de données cible peut être ainsi entièrement automatisé. Ce mode de fonctionnement en arrière-plan peut être réalisé en Java à travers l'utilisation de Threads (Kahloula, 2013).

Nous utilisons dans le Process Controller de Naxos la classe Thread, qui nous permet de démarrer et, si l'utilisateur décide d'arrêter l'exécution du Process Controller, de stopper le thread. Nous employons par ailleurs l'interface Runnable, qui implémente dans le thread les programmes à exécuter, qui sont le Loader, la Rules Engine et l'Archiver.

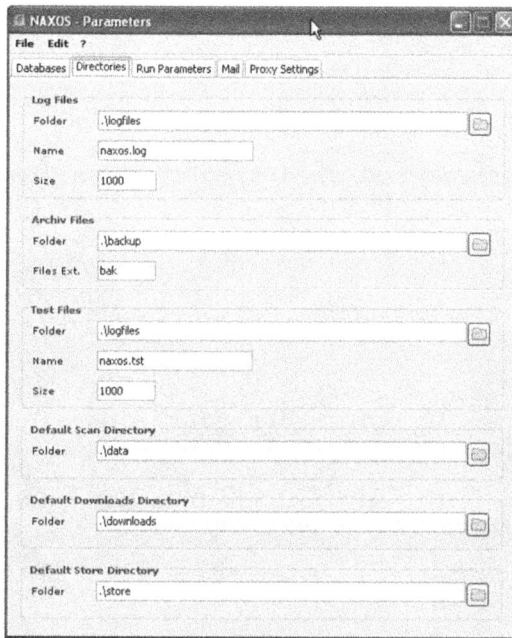

Figure 30: Paramétrage du prototype Naxos (3)

Mail

Le prototype Naxos est conçu de telle manière à ce que son utilisateur puisse recevoir un message sur sa boîte postale ou sur son mobile en cas d'apparition d'une erreur lors du chargement des fichiers XML dans la base de données cible. Le prototype fonctionnant en arrière-plan, ceci évite à l'utilisateur d'être présent en permanence devant son poste. L'utilisateur peut préciser, en paramétrant l'application, le degré de sévérité des erreurs dont il veut être informé (sévère, erreur, warning, information) (Figure 31).

Nous utilisons dans tous les modules où des erreurs sont interceptées le package javax.mail. Ce package nous permet de nous authentifier auprès d'un serveur SMTP, introduit comme paramètre, de confectionner le message et de l'expédier au destinataire (*recipient*), dont l'adresse mail a aussi été saisie comme paramètre.

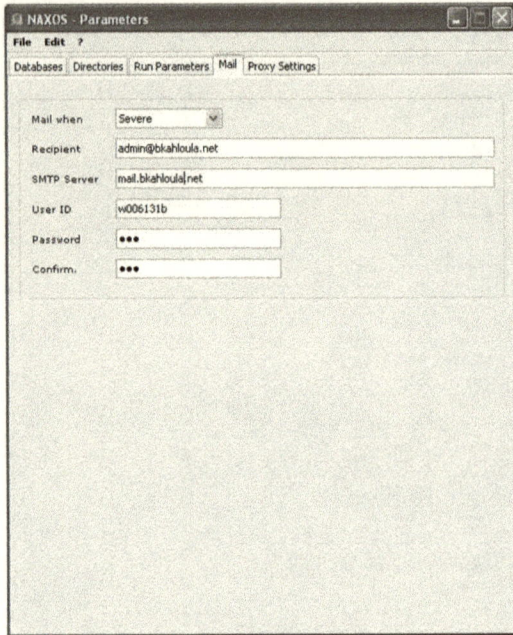

Figure 31: Paramétrage du prototype Naxos (4)

Internet et Serveur Proxy

Dans le but de faire de Naxos un outil d'intégration de données, nous avons prévu un module de téléchargements de fichiers XML, que nous avons appelé Crawler.

L'accès à internet se faisant souvent par le biais d'un serveur proxy, l'utilisateur a la possibilité de prévoir, pour accéder à internet, le passage par un serveur proxy. Le nom d'utilisateur et le mot de passe requis pour se connecter au serveur proxy sont introduits comme paramètres dans le prototype Naxos (Figure 32). Nous utilisons pour nous authentifier auprès du serveur proxy avec ce nom d'utilisateur et ce mot de passe le package javax.net. C'est ce même package que nous utilisons pour nous connecter à l'URL communiquée au Crawler par l'utilisateur pour télécharger les pages d'extension .xml se trouvant sur le site (Figure 23). Les fichiers téléchargés sont sauvegardés sous forme de fichiers XML dans un répertoire défini par l'utilisateur.

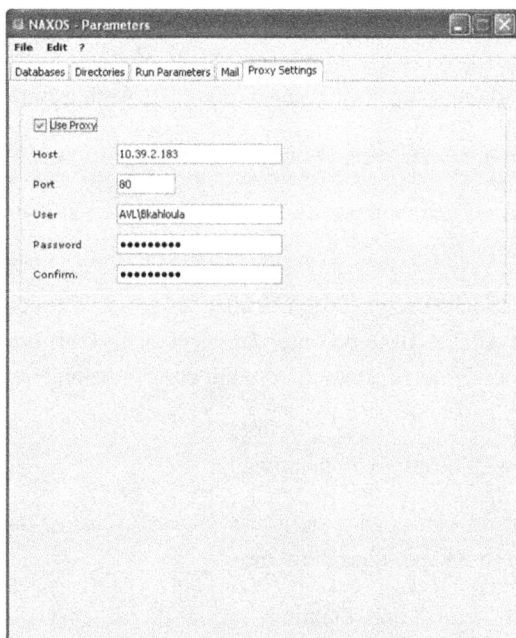

Figure 32: Paramétrage du prototype Naxos (5)

Paramètres de configuration

Les paramètres introduits par l'utilisateur (Figure 25, Figure 28, Figure 31, Figure 31 et Figure 32) sont stockés dans un fichier de paramètres (naxos.ini), qui contient :

- Les paramètres pour l'accès aux bases de données (cf. 4.2.2 Processus de traitement):

  o Référentiel

  o Tables transitoires

  o Base de données test

- Les chemins des répertoires (cf. 4.2.2 Processus de traitement):

  o des fichiers XML à charger dans la base de données cible,

  o où doivent être archivés les fichiers XML après traitement,

  o où doivent être créés les fichiers protocole (log files)

- o où doivent être sauvegardés les fichiers XML téléchargés à partir du web (cf. 4.3 Aspects Techniques) ou fichiers XML des données migrées à partir d'autres bases de données (cf. 4.2.3 Architecture globale).

- Le mode de fonctionnement du prototype :

  - o Exécution automatique des Rules ou non (cf. 4.2.4 Automatisation du traitement)

  - o Production ou test. En particulier les temps d'exécution sont mesurés lors des tests. Le répertoire dans lequel doivent être créés les fichiers résultats des tests est aussi introduit comme paramètre.

- Les informations relatives au mapping :

  - o Indice de similarité à utiliser : Jaccard, Cosine, Jaro-Winkler, Dice-Sørensen ou appliquer ZeroOne.

  - o Valeur seuil pour l'automatisation du schema matching (cf. 4.2.4 Automatisation du traitement)

  - o Nom du dictionnaire éventuel à utiliser

  - o Méthode d'accès à la MKB (LFU/LRU, LRU/LFU, sans méthode particulière) (cf. 3.3.5.2 Application du Principe de localité)

  - o Méthode de calcul de la similarité des XPaths (StringSim ou XPathSim) (cf. 3.3.5.1 Similarité de XPaths)

- Les paramètres pour l'accès à un serveur proxy éventuel (cf. 4.3.3 Java)

- Les paramètres pour l'accès à un serveur SMTP éventuel (cf. 4.3.3 Java)

Les classes Java, pour la lecture du fichier de paramètres et sa mise à jour, lorsque l'utilisateur a modifié l'un des paramètres dans les écrans graphiques prévus pour cela, ont été téléchargées à partir d'internet (Khandekar, 2013).

Voici ci-dessous un exemple de fichier naxos.ini :

```
[Repository]
Database = oracle
Host = localhost
Port = 1521
```

```
SID = orcl
User = naxos
Password = NJDBxORWkzY=

[Transient]
Database = oracle
Host = localhost
Port = 1521
SID = orcl
User = stg_dwh
Password = NJDBxORWkzY=

[Test Database]
Database = oracle
Host = localhost
Port = 1521
SID = orcl
User = dwh
Password = NJDBxORWkzY=

[Mapping]
Similarity = Jaro-Winkler
Accepted Similarity = 0.8
Thesaurus = thesaurusEN
Access MKB Index = LFU
Calculation = StringSim

[Run]
Test = Yes
Execute Rules = Yes
Directory = .\logfiles
Name = naxos.tst
Size = 1000

[Archiv Files]
Directory = .\backup
Extension = bak

[Log]
Directory = .\logfiles
Name = naxos.log
Size = 1000

[Mail]
Mail = S
Server = mail.kitconsulting.net
Address = admin@kitconsulting.net
User = w006131b
Password = tKhTsw15lec=

[Proxy]
Use = Yes
Host = 10.39.2.183
Port = 80
User = AVL\Bkahloula
Password = Y8g6qX3PnqUg5N04k++r3w==

[Scan]
```

```
Directory = .\data

[Download Files]
Directory = .\downloads

[Store]
Directory = .\store
```

Les mots de passe sont cryptés par le programme d'installation du prototype et écrits dans le fichier .ini. L'utilisateur peut les modifier à tout moment par le biais du programme de configuration (Figure 28). Ils sont lus et décryptés par les différents modules accédant aux bases de données. Une classe du Java Developers Almanac (Almanac, 2009) a été utilisée pour leur cryptage et décryptage. Le cryptage est basé sur le Data Encryption Standard (DES) avec utilisation d'une « Pass Phrase ».

Archivage des fichiers XML

Les fichiers XML sont archivés dans un répertoire spécifié par l'utilisateur après que les données qu'ils contiennent aient été chargées dans la base de données cible. Avant d'être archivés, les fichiers XML sont renommés. Les noms des fichiers archivés comportent un horodatage.

Aide

Le package javax.help (Oracle Corporation (7), 2013) nous a permis de prévoir dans le prototype Naxos une aide qu'il est possible d'appeler à partir de chacun des écrans de l'interface graphique.

4.3.4 CONCLUSION

La portabilité du système Naxos est assurée du fait que les programmes aient été écrits en Java. La construction des requêtes SQL à l'intérieur des programmes répond au standard SQL.

4.4 CONCLUSION DU CHAPITRE

Le prototype Naxos est une mise en œuvre de la stratégie de chargement de données XML dans une base de données relationnelle, présentée dans le chapitre précédent. L'indice de similarité peut être introduit comme paramètre mais il est surtout possible, pour améliorer l'efficacité du traitement des fichiers XML, d'opter pour l'algorithme de recherche exacte ZeroOne à partir du moment où le volume de la MKB a atteint son maximum et demeure stable. Une aide à la décision est prodiguée dans ce but à l'utilisateur à travers des statistiques générées par le prototype.

Le processus de chargement de données XML dans une base de données relationnelle, géré par le prototype Naxos, peut être entièrement automatisé. Les conditions requises pour une automatisation totale sont décrites dans ce chapitre.

Le prototype peut être considéré comme un outil d'intégration de données ou d'ETL/ELT en rapport avec un datawarehouse. Il n'est pas spécifique à un domaine donné, il est bien au contraire utilisable dans n'importe quelle branche.

Le langage en lequel il a été développé, en l'occurrence Java, et le standard SQL utilisé en font un système qui peut être exploité sur toutes les plateformes.

5 CONCLUSION GENERALE

5.1 CONTRIBUTION

Notre contribution aux travaux de recherche dans le domaine du schema matching consiste en le développement d'une architecture pour le chargement (semi-)automatique de données XML dans une base de données relationnelle basé sur une utilisation de mappings établis lors de traitements précédents. La table, que nous avons appelée Mapping Knowledge Base, contenant ces mappings devient avec le temps de plus en plus volumineuse. Notre contribution s'étend à la proposition d'un algorithme, l'algorithme ZeroOne de recherche exacte, applicable à partir du moment où le volume de la MKB se maintient à une valeur stable, qui est son maximum. Cette valeur n'est toutefois atteinte qu'au bout d'un certain temps, c'est-à-dire qu'après qu'un certain nombre de fichiers XML aient été chargés. Cet intervalle de temps, ou nombre de fichiers chargés, varie suivant l'hétérogénéité des fichiers XML, c'est-à-dire suivant la diversité des domaines auxquels appartiennent les fichiers XML. Nous proposons d'appliquer durant cette période le principe dit de localité. Ce principe se traduit par l'adoption, pour l'accès à la MKB, des stratégies LRU (*Least Recently Used*) et LFU (*Least Frequently Used*).

Nous avons d'autre part contribué à la mise en application des travaux de recherche en développant un prototype, le prototype Naxos, dont l'architecture est basée sur une MKB.

Ce prototype permet sous certaines conditions d'automatiser totalement le chargement dans la base de données cible, des données contenues dans les fichiers XML.

5.2 PERSPECTIVES

Des perspectives de recherche pourraient concerner le tuning du prototype. En effet, le paramétrage du logiciel nécessite l'intervention de spécialistes. Une amélioration du prototype consisterait à rendre cette intervention minime. La valeur-seuil au-delà de laquelle les XPaths peuvent être considérés comme similaires, le moment propice à un basculement vers une recherche exacte dans la MKB, la méthode de détermination de l'indice de similarité (StringSim ou XPathSim), peuvent être déterminés par le prototype qui procèdera alors lui-même à un ajustement de ses paramètres.

Aussi l'application d'algorithmes de recherche approximative (*n*-grammes) à la MKB doit être étudiée dans le but de déterminer leur impact sur l'efficacité de la recherche.

BIBLIOGRAPHIE

Abiteboul S., Buneman P. et Suciu D. Data on the Web. From Relations to Semistructured Data and XML [Ouvrage]. - San Francisco, California : Morgan Kaufmann, 2000. - ISBN 1-55860-622-X.

Alexe B. [et al.] Muse: Mapping understanding and deSign by example [Revue] // ICDE. - Washington, DC : IEEE Computer Society, 2008. - pp. 10–19.

Almanac Java Developers Example Depot [En ligne] // Example Depot. - 2009. - 10 November 2013. - http://exampledepot.8waytrips.com/egs/javax.crypto/DesString.html.

Altova Altova Map Force [En ligne] // Altova Map Force. - 2013. - http://www.altova.com November 2013.

Arvidsson F. et Flycht-Eriksson A. Ontologies I [En ligne] // http://www.ida.liu.se/~janma/SemWeb/Slides/. - Linköping University, 11 April 2002. - 10 November 2013. - http://www.ida.liu.se/~janma/SemWeb/Slides/ontologies1.pdf.

Aumüller D. [et al.] Schema and ontology matching with COMA++ [Conférence] // Proceedings of the 2005 ACM SIGMOD international conference on Management of data. - New York : ACM, 2005. - pp. 906-908.

Batini C., Lenzerini M. et Navathe S.B. A comparative analysis of methodologies for database schema integration [Revue] // ACM Comp Surv.. - 1986. - 4 : Vol. 18. - pp. 323–364.

Bauer A. et Günzel H. Data-Warehouse-Systems [Ouvrage]. - Heidelberg, Germany : Dpunkt Verlag, 2013. - ISBN: 978-3-89864-785-4 .

Bellahsene Z. et Duchateau F. Tuning for Schema Matching [Section] // Schema Matching and Mapping / éd. Bellahsene Z., Bonifati A. et Rahm E.. - Berlin,Heidelberg : Springer, 2011.

Bellahsene Z., Bonifati A. et Rahm E (eds) Schema Matching and Mapping [Ouvrage]. - Berlin, Heidelberg : Springer, 2011. - Data-Centric Systems. - DOI 10.1007/978-3-642-16518-4 6.

Bernstein P.A. [et al.] Data management for peer-to-peer computing: A vision [Revue] // WebDB. - 2002. - pp. 89–94.

Bernstein P.A. et Melnik S. Model management 2.0: Manipulating richer mappings [Conférence] // SIGMOD. - New York : ACM, 2007. - pp. 1-12.

Bilenko M. [et al.] Adaptive name matching in information integration [Revue] // IEEE Intelligent Systems. - 2003. - 5 : Vol. 18. - pp. 16-23.

Boukottaya A. et Vanoirbeek C. Schema Matching for Transforming Structured Documents [Conférence] // Proceedings of the 2005 ACM symposium on Document engineering, DocEng '05. - Bristol, United Kingdom : ACM , 2005. - pp. 101-110.

Carey M.J. Data delivery in a service-oriented world: The BEA aquaLogic data services platform [Revue] // SIGMOD. - New York : ACM, 2006. - pp. 695–705.

Carmel D. [et al.] An extension of the vector space model for querying XML documents via XML fragments [Revue] // Workshop On XML and Information Retrieval, SIGIR. - 2002. - 2 : Vol. 36.

Chi Y., Wang H. et Yu P.S. Loadstar: Load shedding in data stream mining [Conférence] // Proceedings of the 31st International Conference on Very Large Data Bases / éd. Endowment VLDB. - Trondheim, Norway : VLDB Endowment, 2005. - pp. 1302-1305. - http://dl.acm.org/citation.cfm?id=1083592.1083757. - ISBN: 1-59593-154-6.

Clayton Richard Richard Clayton [En ligne] // Github. - Github Enterprise, 2013. - November 2013. - https://github.com/rclayton.

Cohen W., Ravikumar P. et Fienberg S. E. A Comparison of String Distance Metrics for Name-Matching Tasks [Conférence] // Workshop on Information Integration on the Web (IIWeb-03). - 2003.

Cohen W., Ravikumar P. et Fienberg S. E. A Comparison of String Distance Metrics for Name-Matching Tasks [Conférence] // Workshop on Information Integration on the Web (IIWeb-03). - 2003.

Da Silva R. [et al.] Measuring quality of similarity functions [Revue] // J. Informetrics. - 2007. - 1 : Vol. 1. - pp. 35-46.

Date C.J et Autor) Darwen,H. A Guide to SQL Standard [Ouvrage]. - Amsterdam : Addison-Wesley Longman, 1997.

Davenport R.J. ETL vs ELT, A Subjective View [En ligne] // Data Academy. - Data Academy, June 2008. - 1.1. - November 2013. - http://www.dataacademy.com/files/ETL-vs-ELT-White-Paper.pdf.

Denning P.J. The Locality Principle [Revue] // Commun. ACM / éd. ACM. - New York, NY, USA : ACM, July 2005. - 7 : Vol. 48. - pp. 19-24. - ISSN: 0001-0782.

Dice L. R. Measures of the Amount of Ecologic Association Between Species [Revue] // Ecology. - 1945. - 3 : Vol. 26. - pp. 297–302.

Do H.H. et Rahm E. Coma - a system for flexible combination of schema matching approaches [Conférence] // Proceedings of the 28th Int'l. Conf. on Very Large Data Bases. - 2002. - pp. 610-621.

Do H.H., Melnik S. et Rahm E. Comparison of schema matching evaluations [Article] // web, webservices and database systems. - Heidelberg : Springer, 2003. - LCNS.

Fagin R. [et al.] Clio: Schema mapping creation and data exchange [Revue] // Conceptual Modeling: Foundations and Applications. - Berlin, Heidelberg : Springer, 2009. - pp. 198-236.

Fagin R. [et al.] Data exchange: Semantics and query answering [Revue] // Theor Comp Sci . - 2005. - 1 : Vol. 336. - pp. 89–124.

Falconer S.M. et Noy N.F. Interactive Techniques to Support Ontology [Section] // Schema Matching and Mapping / éd. Bellahsene Z., Bonifati A. et Rahm E.. - Berlin,Heidelberg : Springer, 2011.

Giunchiglia F., Shvaiko P. et Yatskevich M. S-Match: An algorithm and an implementation of semantic matching [Conférence] // Dagstuhl seminar proceedings semantic interoperability and integration. - 2005.

Halevy A.Y. [et al.] Schema mediation in peer data management systems [Conférence] // Proceedings of international conference on data engineering (ICDE). - 2003. - pp. 505–516.

Hartung M., Terwilliger J. et Rahm E. Recent Advances in Schema and Ontology Evolution [Section] // Schema Matching and Mapping / éd. Bellahsene Z., Bonifati A. et Rahm E.. - Berlin,Heidelberg : Springer, 2011.

Hirondelle-Systems Collected Java Practices [En ligne] // Collected Java Practices. - Hirondelle Systems, 2013. - http://www.javapractices.com.

IBM InfoSphere Data Architect [En ligne] // InfoSphere Data Architect / éd. iBM. - 2013. - November 2013. - http://www-03.ibm.com/software/products/en/ibminfodataarch.

Jaccard P. Étude comparative de la distribution florale dans une portion des Alpes et des Jura [Revue] // Bulletin de la Société Vaudoise des Sciences Naturelles. - 1901. - 37. - pp. 547–579.

Jaccard P. The distribution of the flora in the alpine zone [Revue] // New Phytologist. - 1912. - 11. - pp. 37–50.

Jaro M. A. Advances in record linkage methodology as applied to the 1985 census of Tampa Florida [Revue] // Journal of the American Statistical Association. - 1989. - 406 : Vol. 84. - pp. 414–420.

Jaro M. A. Probabilistic linkage of large public health data file [Revue] // Statistics in Medicine. - 1995. - 5 : Vol. 14. - pp. 491–498.

JBoss Hibernate [En ligne]. - 2013. - November 2013. - http://www.hibernate.org/.

Kahloula B. Chargement de données XML dans un Data Warehouse : Approches pour l'automatisation du Schema Matching (Mémoire de Magistère). - Oran : Université d'Oran, Bibliothèque Centrale, 2009. - pp. 10-11.

Kahloula B. et Bouamrane K. An Efficient use of a Mapping Knowledge Base [Revue] // Journal of Digital Information Management / éd. Foundation Digital Information Research. - August 2013. - 4 : Vol. 11. - pp. 307-313. - ISSN 0972-7272.

Kahloula B. et Bouamrane K. Loading XML Data into Relational Databases. Architecture of a System Including a (Semi-) Automatic Matching [Revue] // Journal of Information Technology Review. - May 2011. - 2 : Vol. 2. - pp. 53-59. - Print ISSN: 0976-3511; Online ISSN: 0976-2922.

Kahloula B. et Bouamrane K. Using a Mapping Knowledge Base in a System for (semi-)automatic Loading of XML Data into Relational Databases [Conférence] // Proceedings of the World Congress on Computer and Information Technology (WCCIT), 2013 / éd. IEEE. - Sousse, Tunisia : IEEE, 2013. - pp. 1-7. - ISBN 978-1-4799-0460-0 , DOI 10.1109/WCCIT.2013.6618785.

Kahloula B. Programmer en Java [Ouvrage]. - Algiers : Pages Bleues Internationales, 2013. - ISBN:978-9947-34-022-6.

Khandekar Prasad An Enhanced INI File Class for Java [En ligne] // Code Project. - 2013. - November 2013. - http://www.codeproject.com/Articles/7656/An-Enhanced-INI-File-Class-for-Java.

Kimball R. et Caserta J. The Data Warehouse ETL Toolkit: Practical Techniques for Extracting, Cleaning, Conforming, and Delivering Data [Ouvrage]. - Indianapolis : John Wiley & Sons, 2004. - ISBN: 978-0-7645-6757-5.

Kondrak G., Marcu D. et Knight K. Cognates Can Improve Statistical Translation Models [Conférence] // Proceedings of Human Language Technology Conference of the North American Chapter of the Association for Computational Linguistics. - 2003. - pp. 46–48.

Lenzerini M. Data integration: A theoretical perspective [Revue] // PODS / éd. ACM. - New York : ACM, 2002. - pp. 233–246.

Lerman I.C. Les bases de la classification automatique [Ouvrage]. - Paris : Gautier-Villars, Collection Programmation, 1970.

Lerner B.S. A model for compound type changes encountered in schema evolution [Revue] // TPCTC. - 2000. - 1 : Vol. 25. - pp. 83-127.

Li Lee M. [et al.] XClust. Clustering XML Schemas for Effective Integration [Conférence] // Proceedings of the 11th ACM International Conference on Information and Knowledge Management (CIKM). - McLean, Virginia : ACM, 2002. - pp. 292-299.

Li W.S. et Clifton C. SemInt: A Tool for Identifying Attribute [Revue] // Data and Knowledge Engineering. - 2000. - 1 : Vol. 33. - pp. 49-84.

Madhavan J., Bernstein P. A. et Rahm E. Generic Schema Matching with Cupid [Conférence] // 27th VLDB Conference CD Rom .. - 2001.

Madhavan J., Bernstein P.A. et Doan A.,Halevy,A. Corpus-based Schema Matching [Conférence] // Proceedings of the 21st International Conference on Data Engineering. - Tokyo : IEEE Computer Society, 2005. - pp. 57-68.

Maffeis S. Cache Management Algorithms for Flexible Filesystems [Revue] // ACM SIGMETRICS Performance Evaluation Review. - 1993. - Vol. 21. - pp. 1-3.

Massmann S. [et al.] Evolution of the COMA Match System [Conférence] // Proceedings of the 6th International Workshop on Ontology Matching. - Bonn, Germany : CEUR-WS.org, 2011. - Vol. 814.

Mecca G., Papotti P. et Raunich S. Core schema mappings [Revue] // SIGMOD. - New York : ACM, 2009. - pp. 655–668.

Microsoft Using BizTalk Mapper [En ligne] // Using BizTalk Mapper. - 2013. - November 2013. - http://msdn.microsoft.com/en-us/library/aa547076.aspx.

Miller R.J., Haas L.M. et Hernandez M.A. Schema mapping as query discovery [Revue] // VLDB. - CA : Morgan Kaufmann, 2000. - pp. 77–88.

Mucksch H. et Behme W. Das Data Warehouse – Konzept, Architektur – Datenmodelle – Anwendungen [Ouvrage]. - Wiesbaden, Germany : Springer Gabler, 2000. - ISBN 978-3-322-89533-2.

Okazaki N. et Tsujii J. Simple and Efficient Algorithm for Approximate Dictionary Matching [Conférence] // Proceedings of the 23rd International Conference on Computational Linguistics. - Beijing, China : Association for Computational Linguistics, 2010. - pp. 851-859.

Oracle Corporation (1) Oracle Business Intelligence Discoverer 11g [En ligne]. - 2013. - November 2013. - http://www.oracle.com/technetwork/developer-tools/discoverer/overview/index.html.

Oracle Corporation (2) Oracle® XML DB Developer's Guide [En ligne] // Oracle. - 2013. - November 2013. - http://docs.oracle.com/cd/E11882_01/appdev.112/e23094/xdb25loa.htm#ADXDB2900.

Oracle Corporation (3) Download Connector/J [En ligne] // MySQL. - Oracle Corporation, 2013. - November 2013. - http://dev.mysql.com/downloads/connector/j/.

Oracle Corporation (4) Oracle Database 10g Release 2 JDBC Drivers [En ligne] // Oracle. - Oracle Corporation, 2013. - November 2013. - http://www.oracle.com/technetwork/database/enterprise-edition/jdbc-10201-088211.html.

Oracle Corporation (5) Introducing Oracle Database Cache [En ligne] // Oracle Database Cache Concepts and Administration Guide. - Oracle, 2013. - November 2013. - http://docs.oracle.com/cd/A97336_01/cache.102/a88706/ic_intro.htm#1001429.

Oracle Corporation (6) Schema Objects [En ligne] // Oracle® Database Concepts. - Oracle, 2013. - November 2013.

Oracle Corporation (7) how to install javax.help [En ligne] // Java.net. - Oracle Corporation, 2013. - 10 November 2013. - https://www.java.net//node/648166.

Popa L [et al.] Translating web data [Revue] // VLDB Endowment. - [s.l.] : VLDB, 2002. - pp. 598–609.

Powell G. Beginning XML Databases [Ouvrage]. - [s.l.] : Wrox, 2006. - ISBN: 978-0471791201.

Rahm E. et Bernstein P.A. A survey of approaches to automatic schema matching [Revue] // VLDB Journal. - 2001. - 4 : Vol. 10. - pp. 334-350.

Rahm E. Towards Large-Scale Schema and Ontology Matching [Section] // Schema matching and mapping / éd. Bellahsene Z., Bonifati A. et Rahm E.. - Heidelberg : Springer , 2011.

SAP The Crystal Reports Family [En ligne] // SAP Crystal Solutions. - SAP, 2013. - 10 November 2013. - http://www.crystalreports.com/default.asp.

Sarawagi S. et Kirpal A. Efficient Set Joins on Similarity Predicates [Conférence] // Proceedings of the 2004 ACM SIGMOD International Conference on Management of Data / éd. ACM. - Paris, France : ACM, 2004. - pp. 743-754. - ISBN: 1-58113-859-8.

Shvaiko P. [et al.] Proceedings of the 4th International Workshop on Ontology Matching (OM-2009) collocated with the 8th International Semantic Web Conference (ISWC-2009) [Conférence] // CEUR Workshop Proceedings. - Chantilly, USA : CEUR-WS.org, 2009. - Vol. 551.

Singh S. K. Database Systems: Concepts, Design and Applications [Ouvrage]. - [s.l.] : Pearson Education India, 2006. - Pearson Education India : p. 893. - Print ISBN-10: 81-7758-567-3; e-book ISBN-10: 81-3174-205-9.

Singhal A. Modern Information Retrieval: A Brief Overview [Revue] // Bulletin of the IEEE Computer Society Technical Committee on Data Engineering. - 2001. - 4 : Vol. 24. - pp. 35–43.

Sørensen T. A method of establishing groups of equal amplitude in plant sociology based on similarity of species and its application to analyses of the vegetation on Danish commons [Revue] // Kongelige Danske Videnskabernes Selskab. - 1957. - 4 : Vol. 5. - pp. 1–34.

Tan P. N., Steinbach M. et Kumar V. Introduction to Data Mining [Ouvrage]. - [s.l.] : Addison-Wesley, 2005. - chapter 8; page 500. - ISBN 0-321-32136-7.

Tanimoto T. [Revue] // IBM Internal Report. - 11 novembre 1957.

The Global WordNet Association The Global WordNet Association [En ligne] // The Global WordNet Association. - The Global WordNet Association, 2014. - 2014 June 10. - http://globalwordnet.org/.

van Rijsbergen C. J. Information Retrieval [Ouvrage]. - London : Butterworths, 1979. - ISBN 3-642-12274-4.

Vinson A.R. [et al.] An approach to XML path matching [Conférence] // Proceedings of the 9th ACM International Workshop on Web Information and Data Management (WIDM 2007). - Lisbon, Portugal : ACM, 2007. - pp. 17-24.

W3C [En ligne]. - 2013. - November 2013. - http://www.w3.org/TR/tr-technology-stds#tr_Internationalization_of_XML.

W3C Web Ontology Language (OWL) [En ligne] // W3C Semantic Web. - W3C, 11 December 2012. - 10 November 2013. - http://www.w3.org/2001/sw/wiki/OWL.

Wang Q., Yu J. et Wong K. Approximate graph schema extraction for semi-structured data [Conférence] // Extending Database Technologies, Lecture Notes in Computer Science. - Berlin, Heidelberg, New York : Springer, 2000. - Vol. 1777. - pp. 302–316.

Webkeysoft Dictionnaire des synonymes français et anglais [En ligne] // Webkeysoft. - Webkeysoft, 2008. - 2 January 2013. - http://www.webkeysoft.com/articles/Dictionnaire-de-synonyme-francais-et-anglais.html.

Winkler W. E. Overview of Record Linkage and Current Research Directions [Revue] // Research Report Series, RRS.. - 2006.

Winkler W. E. String Comparator Metrics and Enhanced Decision Rules in the Fellegi-Sunter Model of Record Linkage [Conférence] // Proceedings of the Section on Survey Research Methods. - [s.l.] : American Statistical Association, 1990. - pp. 354–359.

XMark [En ligne] // XMark — An XML Benchmark Project. - 2013. - November 2013. - http://www.xml-benchmark.org/contact.html.